U0958364

立信会计实验系列教材

新编会计模拟实习

工业企业分册

（第八版）

张维宾　姚　津　武　英　编写

立信会计出版社
LIXIN ACCOUNTING PUBLISHING HOUSE

图书在版编目(CIP)数据

新编会计模拟实习. 工业企业分册 / 张维宾,姚津,武英编写. —8版. —上海: 立信会计出版社, 2019.2(2023.12重印)

ISBN 978-7-5429-6116-7

Ⅰ. ①新… Ⅱ. ①张… ②姚… ③武… Ⅲ. ①会计-实习-教材②工业会计-实习-教材 Ⅳ. ①F23-45

中国版本图书馆CIP数据核字(2019)第054338号

责任编辑　陈　旻

新编会计模拟实习——工业企业分册(第八版)

XINBIAN KUAIJI MONI SHIXI—GONGYE QIYE FENCE

出版发行	立信会计出版社		
地　　址	上海市中山西路2230号	邮政编码	200235
电　　话	(021)64411389	传　　真	(021)64411325
网　　址	www. lixinaph. com	电子邮箱	lixinaph2019@126. com
网上书店	http://lixin. jd. com		http://lxkjcbs. tmall. com
经　　销	各地新华书店		
印　　刷	浙江临安曙光印务有限公司		
开　　本	787毫米×1092毫米	1/16	
印　　张	21.5	插　　页	18
字　　数	333千字		
版　　次	2019年2月第8版		
印　　次	2023年12月第10次		
书　　号	ISBN 978-7-5429-6116-7/F		
定　　价	55.00元		

第八版说明

本实验教材自1998年出版以来，一直得到各高校会计类专业广大师生的认可和厚爱。我们在教学和使用过程中虚心听取师生和会计实务界人士的意见，不断完善，以促进应用型人才的培养。之前已经分别进行了第二至第七版的修订。经过多次修订，印数已达423 400册。

本版修订内容主要如下：根据2017、2018年新发布或新修订的多项企业会计准则及其应用指南，以及其他有关会计规范，对本实验教材的主体——信恒保温瓶有限公司的会计政策作了全面梳理与完善；对金融资产的内容进行了补充，使修订后的金融工具准则对金融资产三大分类的确认、计量和列报在本实验教材中都有所体现；对疑难解答等内容作了增补和改进，有助于使用者的学习及思考；财务报表采取适用于已执行新金融工具准则和新收入准则的格式，以便使用者及时应用新发布或新修订的会计准则，并与有关章节内容的更新相匹配。此外，随着对新发布或新修订的企业会计准则及其应用指南的深入学习，我们也对本实验教材中尚存在的一些不妥之处或不相适应之处进行了修改，以期达到更佳的教学效果。

我们衷心欢迎广大读者和各位同仁一如既往地不吝指正和提出改进建议。

本教材第八版由张维宾、姚津、武英编写。

编　者

2019年2月

致读者的说明

由于本实验教材所附各种凭证、资料、账表中有一部分面积较大，难以按原页码的顺序排列，现将它们集中装订在本实验教材的最后部分，敬希读者见谅。

立信会计出版社

前　言

为了适应社会主义市场经济体制对会计专业人才的需求，加强理论联系实际，锻炼学生实际操作技能和综合分析能力，提高教学质量，也为了解决大批量学生到企业单位实习的困难，我们根据多年从事会计教学、审计业务以及指导学生实习的经验和体会，编写这套《新编会计模拟实习》，按行业编写各分册。这些分册既能分别独立作为实习教材使用，又能相互结合作为一个股份制企业集团的实习资料使用，适用面广、灵活性强。

《新编会计模拟实习——工业企业分册》，取材于一个保温瓶厂的实务，并根据该厂大量真实的核算资料分析、筛选、补充编写而成。对实验主体的有关内部核算制度、经济业务和会计核算内容，以文字与流程图相配合的形式进行介绍，有利于学生系统熟悉工业企业会计核算工作。本实验教材以某保温瓶厂某年12月份的经济业务和1～11月份的有关账户记录作为实验资料，除了产、供、销主营业务及成本计算外，还包括银行结算、贷款、租赁、保险、投资、捐赠、纳税、出口外汇结算、财产清查、固定资产购建与清理等业务，并按照财政部颁布的《企业会计准则》(2006)和行业会计制度编写，体现了会计改革、税制改革、外汇体制改革的精神和要求，不仅有利于学生系统掌握从填制会计凭证到编制、分析财务报表的全部会计核算程序，而且有助于学生比较全面地掌握现代企业的会计实务。

本实验教材提供分阶段的参考答案和有针对性的释疑解难，以便于实习者上手操作和检查核对，并起到具体而有效的辅导作用。此外，本实验教材所提供的企业内部会计核算办法的有关资料，对企业的会计制度设计也具有一定参考价值。

会计实习是通向会计实践的捷径，本套会计模拟实习将为有志于走上会计工作岗位的人们提供切实的帮助。

本实验教材由张维宾、姚津、武英编写，王昕参加了部分资料的整理工作。

由于我们的水平和经验有限，书中难免有错误、不当之处，敬请批评和指正。

编　者

目 录

一、实习企业概况

(一) 注册资金、企业类型及经营范围

企业名称：信恒保温瓶有限公司
住　　所：上海市余兴路677号
联系电话：62567890
法定代表人：赵海亮(公司总经理)
注册资金：壹仟贰佰伍拾万元整
企业类型：有限责任公司(国内合资)
经营范围：生产、销售金属壳保温瓶及塑料壳保温瓶。其大部分销售业务为内销，有小部分产品自营出口销往东南亚国家
纳税人登记号(即纳税人识别码)：310225511415054
企业代码：410203829
该公司银行开户及证券公司开户情况如下：
基本存款账户：中国工商银行上海分行静安支行　账号：267—03012345
一般存款账户：中国银行上海分行　账号：410—06833068
证券资金账户：利通证券公司　账号：012—16688
社保基金专户：中国工商银行上海分行静安支行　账号：267—08111678

(二) 股东及其持股比例

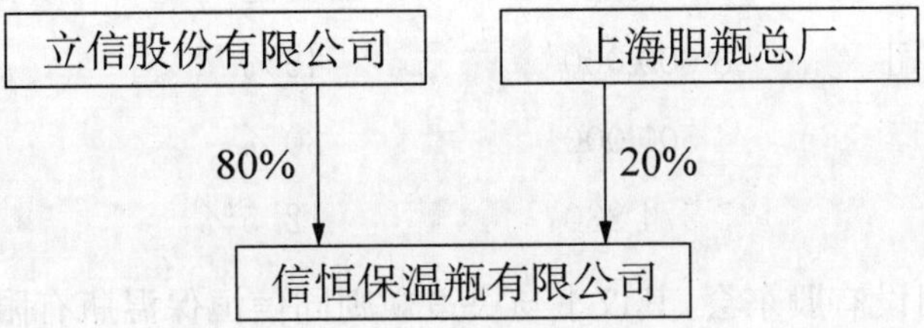

信恒保温瓶有限公司设有股东会，股东会为其最高权力机构。股东会会议由股东按照出资比例行使表决权，股东会会议作出修改公司章程、增加或者减少注册资本的决议，以及公司合并、分立、解散或者变更公司形式的决议，必须经代表2/3以上表决权的股东通过；作出决定公司经营方针、投资计划、年度财务预算方案、决算方案、利润分配方案和弥补亏损方案等其他事项的决议，必须经代表1/2以上表决权的股东通过。信恒保温瓶有限公司不设董事会。

（三）公司组织架构

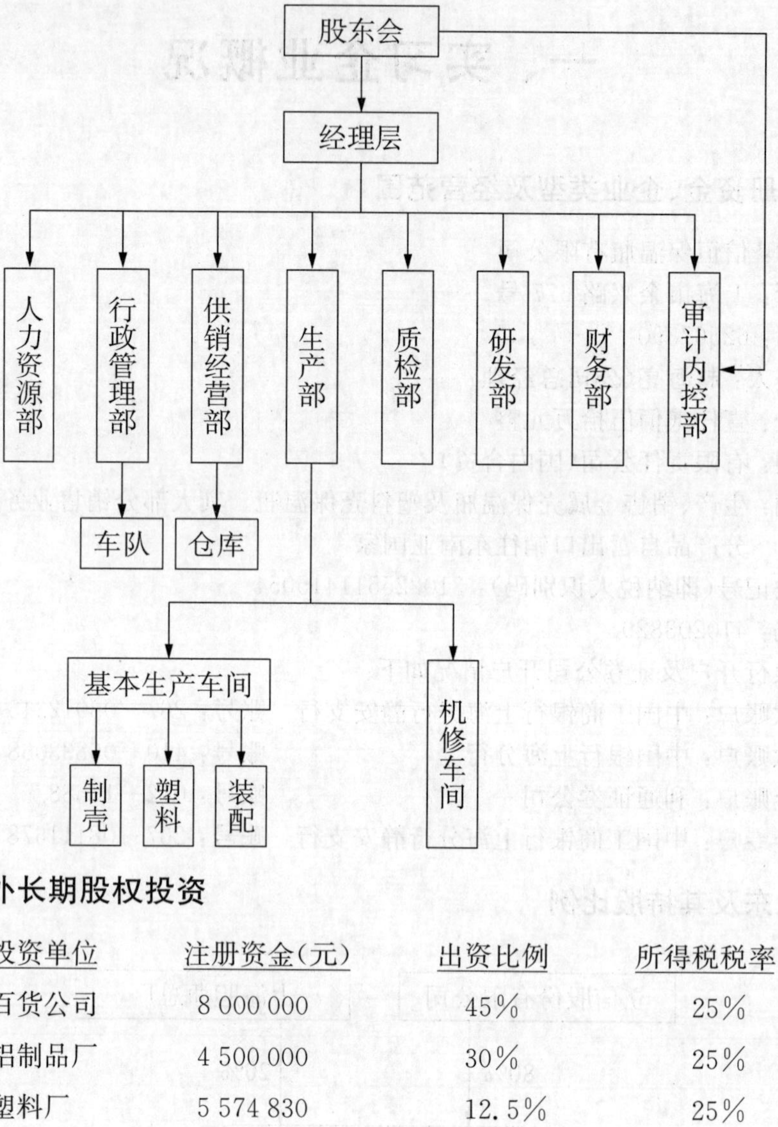

（四）对外长期股权投资

接受投资单位	注册资金(元)	出资比例	所得税税率
信谊百货公司	8 000 000	45%	25%
高庄铝制品厂	4 500 000	30%	25%
彩虹塑料厂	5 574 830	12.5%	25%

1. 信谊百货公司设有股东会，其议事与决策规则同信恒保温瓶有限公司。在信谊百货公司董事会中有 3 名董事系信恒保温瓶有限公司派出。

2. 高庄铝制品厂设有股东会，其议事与决策规则同信恒保温瓶有限公司。在高庄铝制品厂董事会中有 1 名董事系信恒保温瓶有限公司派出。

3. 彩虹塑料厂设有股东会，其议事与决策规则同信恒保温瓶有限公司。彩虹塑料厂不设董事会。

信恒保温瓶有限公司管理层将该公司对彩虹塑料厂的非交易性权益工具投资，指定为以公允价值计量且其变动计入其他综合收益的金融资产。

（五）生产工艺流程

1. 按企业反映：

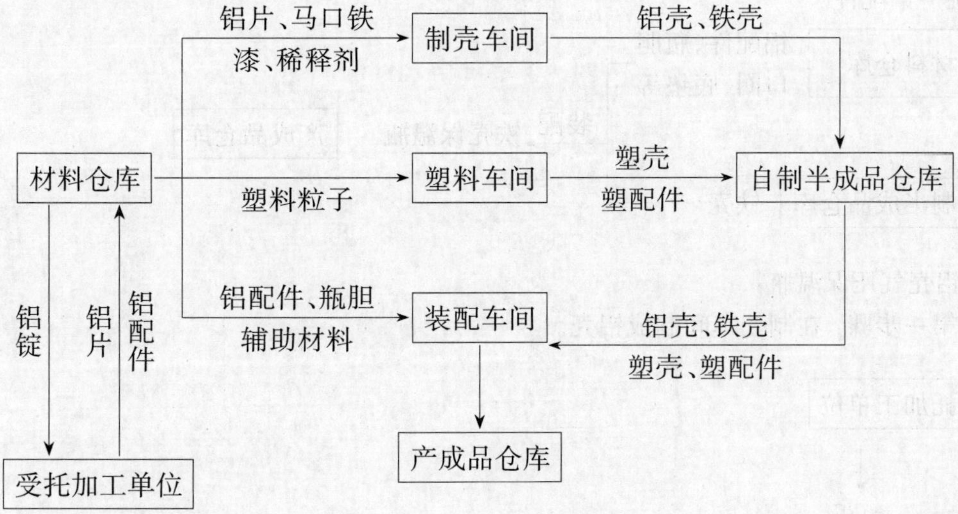

2. 按产品品种反映：

（1） 塑壳类保温瓶：

第一步骤：在塑料车间制成塑壳、塑配件。

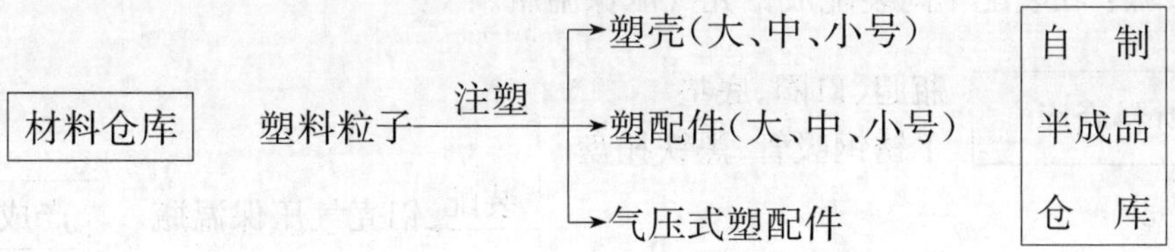

第二步骤：在装配车间装配成塑壳保温瓶。

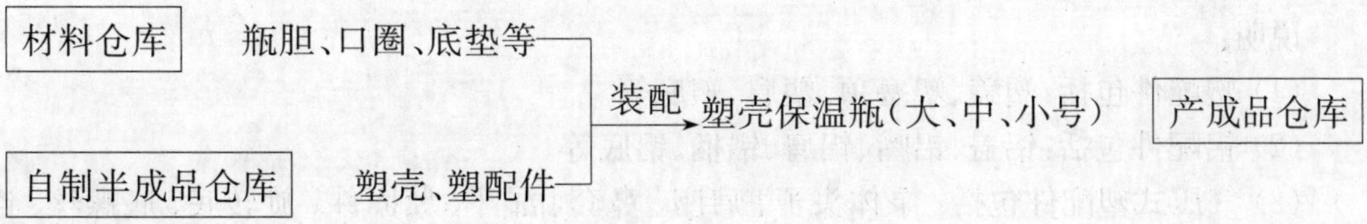

（2） 铁壳保温瓶：

第一步骤：在制壳车间制成铁壳。

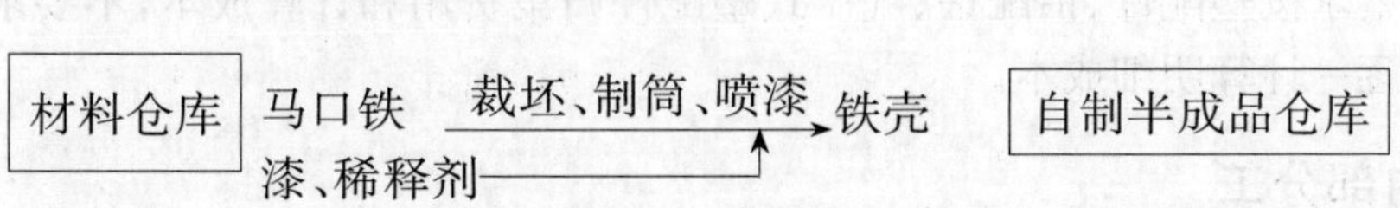

第二步骤：在装配车间装配成铁壳保温瓶。

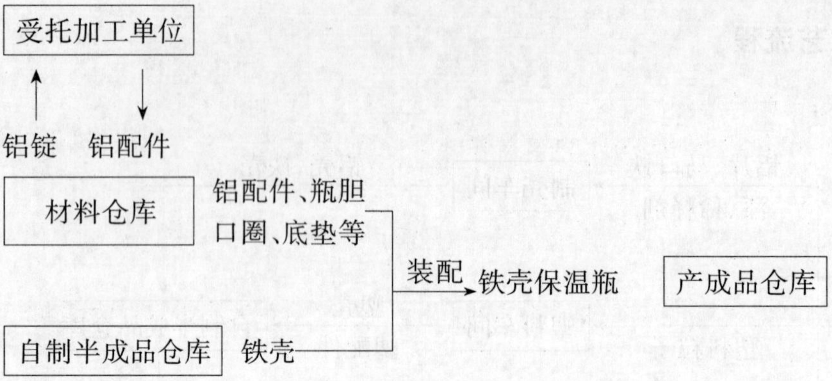

（3）铝壳气压保温瓶：

第一步骤：在制壳车间制成铝壳。

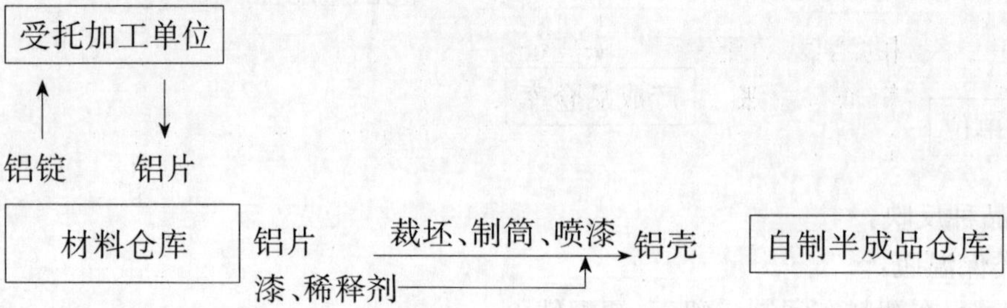

第二步骤：在装配车间装配成铝壳气压保温瓶。

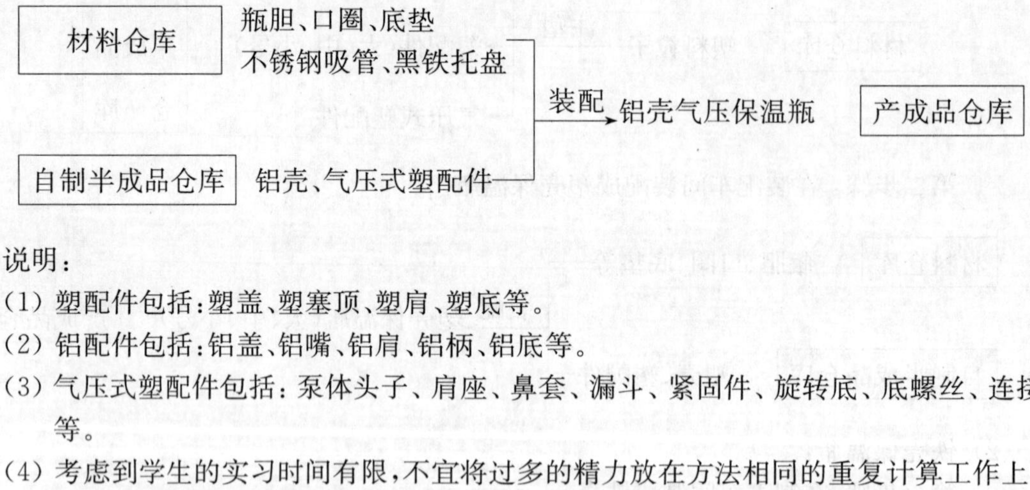

说明：

（1）塑配件包括：塑盖、塑塞顶、塑肩、塑底等。

（2）铝配件包括：铝盖、铝嘴、铝肩、铝柄、铝底等。

（3）气压式塑配件包括：泵体头子、肩座、鼻套、漏斗、紧固件、旋转底、底螺丝、连接圈等。

（4）考虑到学生的实习时间有限，不宜将过多的精力放在方法相同的重复计算工作上，本实验教材只要求按塑配件、铝配件、气压式塑配件归集费用和计算成本，不要求按各种具体配件逐一计算明细成本。

（六）财务科内部分工

该公司财务科共有会计人员 5 名，分工如下：

1. 财务科长：

审核业务，调度资金，进行财务分析，制定财务计划，参与企业经营决策，负责财务科的全面工作。

2. 出纳(兼固定资产核算)：

办理货币资金的收付业务，编制收、付款记账凭证，登记现金日记账、银行存款日记账和现金流量表台账。

编制固定资产购建、折旧、清理、清查等业务的记账凭证，登记有关明细账。

3. 材料核算(兼债权债务结算)：

编制材料采购、入库、领用等业务的记账凭证，计算及分摊材料成本差异，登记材料核算的有关明细账。

编制有关债权债务结算的记账凭证，登记有关明细账。

4. 成本核算(兼薪酬核算)：

编制费用发生、分配及成本结转等业务的记账凭证，填列各种费用分配表和产品成本计算表，登记有关费用、成本明细账。

编制有关职工薪酬的结算、分配表及记账凭证。

5. 销售及利润核算(兼登总账、编制财务报表)：

编制销售、计提税金、结算损益及利润分配等业务的记账凭证，登记有关明细账，填制各项税金纳税申报表。

登记总账，编制对外报送的财务报表。

二、企业会计政策、会计估计与内部会计核算规则

（一）账务处理程序

公司采用科目汇总表账务处理程序。

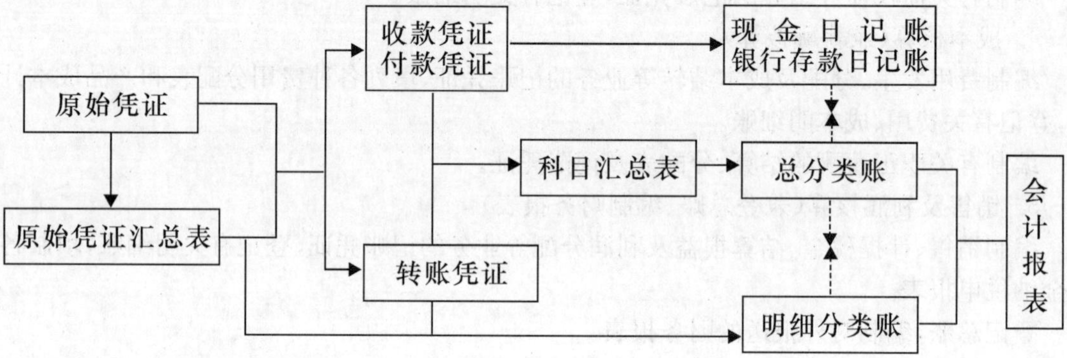

（二）外币交易核算

外币交易按交易日的即期汇率将外币金额折算为记账本位币金额记账。公司的记账本位币为人民币。

外币货币性项目和以公允价值计量的外币非货币性项目的期末账户余额，按月末即期汇率进行调整，调整的差额记入“财务费用——汇兑差额”账户。

公司不设立现汇账户，外销货款收到时当即由中国银行结汇，国外金融机构扣费和中国银行议付费用按交易日的即期汇率折合，记入“财务费用——手续费”账户。

（三）以摊余成本计量的债权投资的确认与核算

说明：信恒保温瓶有限公司自 2018 年 1 月 1 日起执行修订后的《企业会计准则第 22 号——金融工具确认和计量》及其应用指南。

金融资产同时符合下列条件的，应当分类为以摊余成本计量的金融资产：①企业管理该金融资产的业务模式是以收取合同现金流量为目标；②该金融资产的合同条款规定，在特定日期产生的现金流量，仅为对本金和以未偿付本金金额为基础的利息的支付。企业为获取利息而购入的债券属于以摊余成本计量的金融资产，企业可以设置“债权投资”账户进行核算。

以摊余成本计量的金融资产的初始确认金额，是指企业取得以摊余成本计量的金融资产时实际支付的价款，即该投资取得时的交易价格和相关交易费用之和。

以摊余成本计量的金融资产采用实际利率法按摊余成本进行后续计量。金融资产的摊余成本，应当以该金融资产的初始确认金额经下列调整后的结果确定：

$$\text{摊余成本}=\text{初始确认金额}-\text{已偿还的本金}\pm\text{采用实际利率法将该初始确认金融与到期日金额间的差额进行摊销形成的累计摊销额}-\text{计提的累计信用减值准备}$$

(四) 以公允价值计量且其变动计入其他综合收益的非交易性权益工具投资的确认与核算

将非交易性的权益工具投资指定为以公允价值计量且其变动计入其他综合收益的金融资产。该指定一经作出,不得撤销。

以公允价值计量且其变动计入其他综合收益的权益工具,应当按取得该金融资产的交易价格和相关交易费用之和作为初始确认金额,并设置"其他权益工具投资"账户予以核算。支付的价款中包含了已宣告发放的债券利息或现金股利的,单独确认为应收项目。

指定为以公允价值计量且其变动计入其他综合收益的权益工具投资按公允价值进行后续计量,公允价值变动计入其他综合收益。在资产负债表日,对权益工具投资的公允价值高于账面价值的差额,借记"其他权益工具投资——公允价值变动"账户,贷记"其他综合收益"账户;对公允价值低于其账面价值的差额,编制借贷方向相反的会计分录。

在其终止确认时,之前计入其他综合收益的累计利得或损失应当从其他综合收益中转出,计入留存收益,不得转入损益。

(五) 以公允价值计量且其变动计入当期损益的非交易性权益工具投资的确认与核算

以公允价值计量且其变动计入当期损益的金融资产属于剩余类别,按照企业会计准则有关规定分类为以摊余成本计量的金融资产和以公允价值计量且其变动计入其他综合收益的金融资产之外的金融资产(通常为权益工具),一般将其归类为以公允价值计量且其变动计入当期损益的金融资产,设置"交易性金融资产"账户予以核算。

该类金融资产,按公允价值进行初始计量,相关交易费用记入"投资收益"账户,所付价款中包含的已宣告尚未发放的现金股利等,作为"应收股利"等单独反映相应债权。

该类金融资产,按公允价值进行后续计量。其公允价值变动形成的利得或损失计入当期损益:在调整交易性金融资产账面价值的同时,贷记或借记"公允价值变动损益"账户。

(六) 备用金核算

采购员及其他职工出差预支差旅费,回公司后一次结清。

行政管理科经财务科核定,领取定额备用金800元,由专人负责保管、报销。

(七) 材料核算方法及流程

1. 材料核算方法:

(1) 原材料、低值易耗品按计划成本进行日常核算,计划成本表见"五、建账资料(七)"。

"材料采购""材料成本差异"按相同口径分类进行明细核算,其分类项目为:铝材、铝配件、马口铁、塑料粒子、瓶胆、辅助材料、低值易耗品七大类。

(2) 低值易耗品中一般工具采用一次转销法;压力表、电动机采用五五摊销法。

(3) 将铝锭发外加工成铝片和铝配件。一般本月发外加工,下月加工完成。发出铝锭按本月材料成本差异率分摊差异。铝锭、铝片以及铝配件的计划成本见计划成本表，在“五、建账资料（七）”中提供。

(4) 月末根据“材料采购”“委托加工物资”明细账户记录，编制结转入库材料计划成本及材料成本差异的记账凭证。

(5) 根据本月收料单、领料单、退料单，以及“材料采购”“委托加工物资”“材料成本差异”明细账户记录，编制“原材料、低值易耗品收、发、存月报表”，计算本月材料成本差异率，并据以编制汇总发料及分摊差异的记账凭证。

(6) 每年 11 月份或 12 月份对原材料等存货进行清查，根据盘点结果编制盘盈盘亏报告单，报经分管副经理审批后在年末结账前处理完毕。

2. 材料核算流程简图：

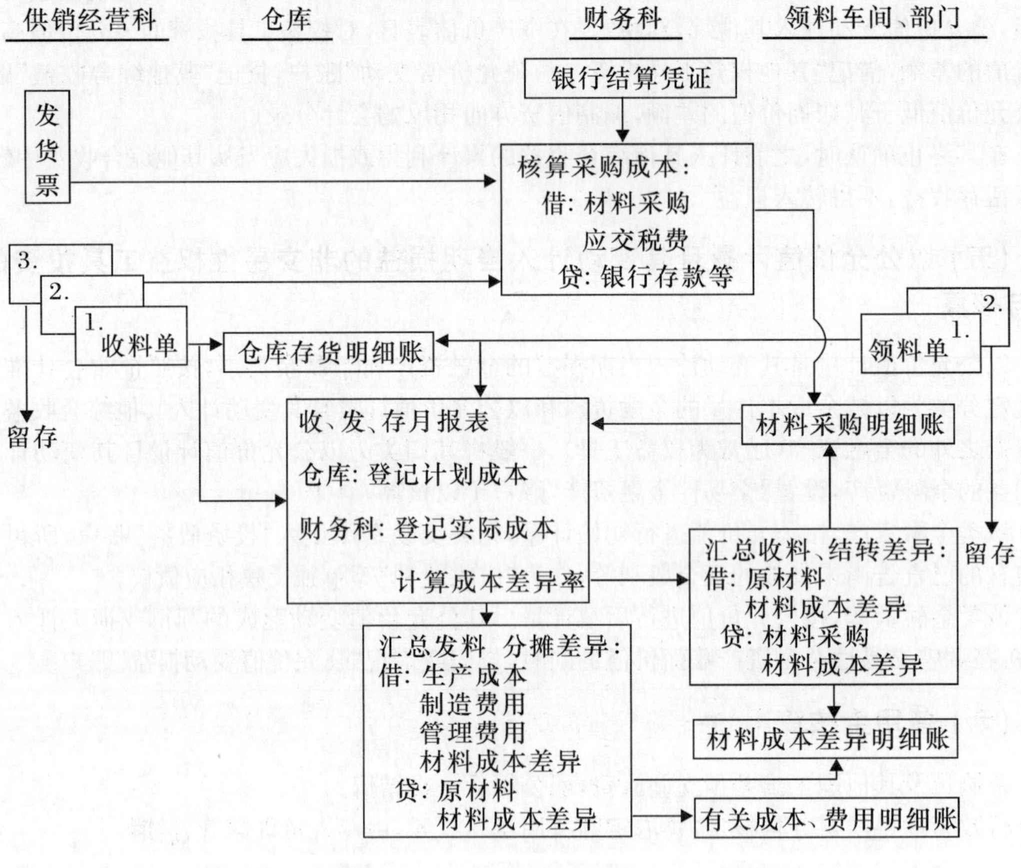

(八) 基于薪酬的社会保险费、公积金和有关经费的计提

项　目	计提基数	计提比例
养老保险费	上年月平均工资总额	20%
住房公积金	上年月平均工资总额	7%
医疗保险费	上年月平均工资总额	9.5%
失业保险费	上年月平均工资总额	0.5%
生育保险费	上年月平均工资总额	1%

工伤保险费	上年月平均工资总额	0.5%
工会经费	本月工资总额	2%
教育经费	本月工资总额	1.5%

上述基于薪酬的社会保险费、公积金和有关经费的计提均指企业负担的部分，其列支的渠道根据职工的工作岗位按照受益原则进行账务处理。

说明：社会保险费、公积金和有关经费的计提基数和比例，由于各地区政策之间存在差异，以及政策本身的变化，可能与实务不一致，本实验教材着重要求掌握会计处理的基本方法。

(九) 水费、电费的分配方法

各月水费、电费分别按固定比例分摊。若实际消耗情况发生较大变化，则修改分摊比例。

1. 水费分摊比例如下：

制壳车间	50%
塑料车间	27%
装配车间	5%
机修车间	5%
行政管理部门	13%
合　计	100%

2. 电费分摊比例如下：

制壳车间	48%
塑料车间	36%
装配车间	3%
机修车间	3%
行政管理部门	10%
合　计	100%

(十) 辅助生产费用的归集与分配方法

公司的机修车间为辅助生产车间，其所发生的全部生产费用直接记入“生产成本——辅助生产(机修)”账户，并按各基本生产车间、行政管理部门、在建工程实际耗用修理工时的比例分配。

(十一) 生产工人薪酬、基本生产车间制造费用的分配方法

均按生产产品的定额工时比例进行分配。

(十二) 在产品计价方法

1. 制壳车间在产品按定额成本计价。
2. 塑料车间在产品完工程度为100%，只是尚未验收，因而按完工产品成本计价。
3. 装配车间在产品成本只计料费不计工费，按所耗材料的定额成本计价。

（十三）产品成本计算方法及费用、成本核算流程

1. 产品成本计算方法：

铝壳气压保温瓶：逐步结转分步法(不要求成本还原，下同)。

铁壳保温瓶：逐步结转分步法。

塑壳保温瓶(大、中、小号)：逐步结转分步法与分类法相结合。塑壳类和塑配件类自制半成品，类内大、中、小号规格的成本划分均采用系数法。

2. 费用、成本核算流程简图：

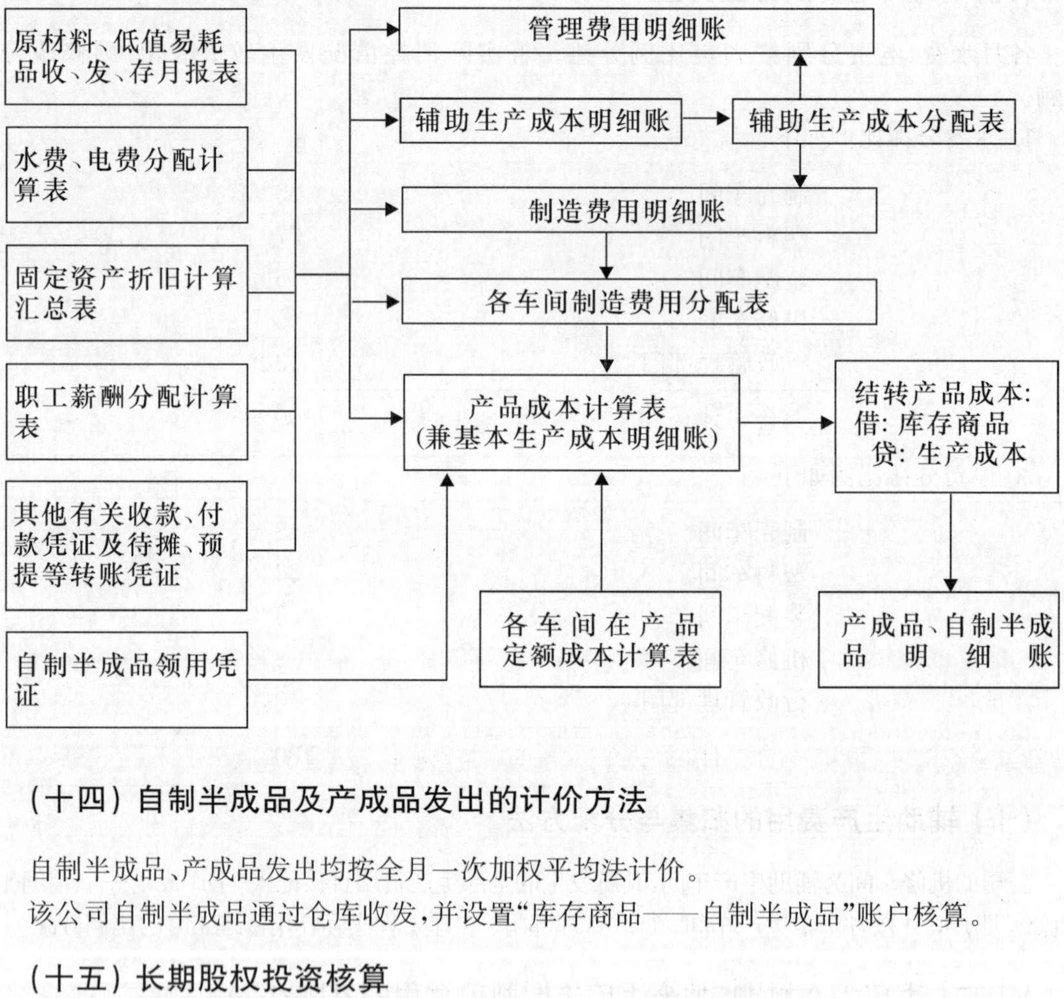

（十四）自制半成品及产成品发出的计价方法

自制半成品、产成品发出均按全月一次加权平均法计价。

该公司自制半成品通过仓库收发，并设置“库存商品——自制半成品”账户核算。

（十五）长期股权投资核算

公司对其他单位的投资属于下列情况之一的，采用权益法核算：①对被投资单位实施共同控制；②对被投资单位具有重大影响。投资方直接或通过子公司间接持有被投资单位20%以上但低于50%的表决权，或者虽然持有被投资单位表决权不足20%但在被投资单位董事会或类似权力机构中派出代表，一般认为对被投资单位具有重大影响，除非有确凿证据表明该种情况下不能参与被投资单位的生产经营决策，不形成重大影响。

公司对其他单位的投资属于下列情况的，采用成本法核算：对被投资单位实施控制。控

制，是指投资方拥有对被投资方的权力，通过参与被投资方的相关活动而享有可变回报，并且有能力运用对被投资方的权力影响其回报金额。

（十六）投资性房地产核算

1. 已出租的房屋按取得成本进行初始计量。

2. 采用成本模式对投资性房地产进行后续计量，并于每月月末对投资性房地产按年限平均法计提折旧或摊销。

3. 投资性房地产的折旧或摊销金额根据投资性房地产的预计使用寿命与净残值率计算，具体列示如下：

投资性房地产项目	预计使用寿命	预计净残值率
出租房屋	35 年	4％

4. 投资性房地产的改扩建或装修等后续支出，符合投资性房地产确认条件的，计入投资性房地产成本；否则，在后续支出发生时计入当期损益。

5. 投资性房地产的出租、处置作为经营活动中的其他业务进行会计处理。

（十七）固定资产核算

1. 固定资产是指同时具有下列特征的有形资产：① 为生产商品、提供劳务、出租或经营管理而持有的；② 使用寿命超过一个会计年度。

2. 对固定资产按年限平均法分类计提折旧，净残值率均为 4％。折旧方法和净残值率都与税法规定保持一致。各类固定资产预计使用年限如下：

房屋、建筑物	35 年	生产设备	10 年
管理设备	5 年	运输工具	5 年

固定资产在定期大修理间隔期间，照提折旧。

3. 固定资产增加必须填制验收单，并办理有关手续。

4. 固定资产清理应由设备科提出报告，经技术部门鉴定后，报分管副经理审批后处理。

5. 固定资产在使用过程中发生的更新改造支出和修理费用等后续支出，符合固定资产确认条件的，计入固定资产成本，同时将被替换部分的账面价值扣除；不符合固定资产确认条件的，计入当期损益。对生产车间固定资产进行定期检查发生的不符合固定资产确认条件的大修理费用，计入当期管理费用。

6. 财产保险费率为固定资产原价（扣除车辆原价）的 3.7‰（年），按季预付，分月摊销。机动车辆单独保险，按年预付，分月摊销。

7. 每年末对固定资产进行清查，根据盘点结果编制盘盈盘亏报告单，报经分管副经理审批后进行账务处理。固定资产盘盈作为前期差错处理：通过“以前年度损益调整”账户调整年初留存收益及相关账户金额。

8. 固定资产因报废、毁损、出售而终止确认，应通过“固定资产清理”账户核算。固定资产清理净损益是指固定资产报废、毁损、出售时，处置收入扣除其账面价值和相关税费后的差额。企业在生产经营期间发生的固定资产清理利得或损失计入“营业外收入”或“营业外支出”；固定资产出售产生的利得或损失计入“资产处置损益”。

(十八) 无形资产核算

1. 土地使用权、专利权及非专利技术等无形资产,按照实际成本进行初始计量。

2. 用于自行开发建造厂房等地上建筑物的土地使用权,仍作为无形资产核算,其账面价值不转入地上建筑物的成本。

3. 外购房屋建筑物实际支付价款中包含的土地以及建筑物的价值,按照各自的公允价值或其他合理的指标在土地和地上建筑物之间进行分配,无法合理分配时全部作为固定资产核算。

4. 土地使用权在获取使用权的期限内采用年限平均法摊销。

5. 无明确的合同和法定使用寿命的计算机软件,在 5 年内摊销。

6. 源自合同性权利和其他法定权利取得的其他无形资产,以合同或法定使用期限为其使用寿命,采用年限平均法摊销;无明确的合同和其他法定使用期限的,在预计使用寿命内采用年限平均法摊销;确定无法合理确定使用寿命的,不予摊销,于每年年末进行减值测试。

(十九) 应收款项、其他应收款、存货等流动资产减值的处理

1. 应收账款坏账准备的计量及账务处理。

(1) 应收账款坏账准备的计量。对应收账款进行减值测试时,应将其账面价值与预计未来现金流量的现值进行比较,对其账面价值高于预计未来现金流量现值的差额,确认预期信用减值损失(坏账损失)。短期应收账款的预计未来现金流量与其现值相差很小的,在确定其坏账损失时,可不对其预计未来现金流量进行折现。坏账损失的计算公式如下:

$$\begin{matrix}\text{应计入本期损益}\\\text{的坏账损失}\end{matrix}=\begin{matrix}\text{应收账款}\\\text{账面余额}\end{matrix}-\begin{matrix}\text{预期收取}\\\text{现金流量现值}\end{matrix}-\begin{matrix}\text{该项应收账款所计提}\\\text{坏账准备当前余额}\end{matrix}$$

上式计算的结果如为负数,即为本期应冲减坏账准备的减值利得。

与收入准则相关的应收账款可用简易方法预计信用损失。公司应收账款按客户信用、地理区域等类似信用风险特征组合,基于该组合金融资产的历史损失率并结合前瞻性估计分别确定一个合适的损失率,预计其信用损失。

在其他信用风险特征均类似而账龄不同的组合内,可根据不同账龄分段预计损失率。

(2) 应收账款坏账准备的账务处理。计提坏账准备时,借记“信用减值损失”账户,贷记“坏账准备”账户。如果预期信用损失发生有利的变化,原确认的坏账损失应当在已计提坏账准备余额的范围内予以转回,借记“坏账准备”账户,贷记“信用减值损失”账户。

2. 其他应收款坏账准备的计量及账务处理。

(1) 其他应收款坏账准备的计量。公司的其他应收款均为预支差旅费、暂付押金、定额备用金、保证金等信用风险相对较低、回收期较短的金融资产。如果没有明显的证据表明其他应收款已经发生严重逾期等违约事件,可以假设其信用风险自初始确认以来并未显著增加,将其他应收款按照类似信用风险进行分组,在合理分组的基础上,采用损失率法对其计提预期信用损失准备。

(2) 其他应收款坏账准备的账务处理。其他应收款坏账准备的账务处理同应收账款。

3. 存货跌价准备的计提与转回

(1) 存货按其可变现净值低于账面价值的差额单项计提存货跌价准备。

(2) 当期确认的存货跌价损失借记“资产减值损失”账户,贷记“存货跌价准备”账户。

(3) 以前减记存货价值的影响因素已消失的,应当在对应的存货项目原已计提的存货跌价准备金额内转回,转回的金额计入当期损益,即借记“存货跌价准备”账户,贷记“资产减值损失”账户。

(二十) 以摊余成本计量的债权投资减值的处理

1. 以摊余成本计量的债权投资减值的计量。对以摊余成本计量的债权投资进行减值测试时,应当将摊余成本与预期收取的现金流量现值进行比较。若发现摊余成本高于预期收取的现金流量现值,应当确认其减值损失。摊余成本(未扣除已计提减值准备)相当于根据合同应收的现金流量现值。有关计算公式如下:

应计入本期损益的减值损失 = 摊余成本 − 预期收取的现金流量现值

= (初始确认金额 − 已偿还本金 ± 采用实际利率法将该初始确认金额与到期日金额间的差额进行摊销形成的累计摊销额 − 累计计提的减值准备) − 预期收取的现金流量现值

上式计算的结果如为负数,即为本期应冲减损失准备的减值利得。

2. 以摊余成本计量的债权投资减值的账务处理。根据本期应计入损益的预期信用损失的金额,借记“信用减值损失”账户,贷记“债权投资减值准备”账户。减值准备转回时,作为减值利得计入当期损益,借记“债权投资减值准备”账户,贷记“信用减值损失”账户。

(二十一) 长期股权投资、投资性房地产、固定资产、无形资产减值的处理

长期股权投资、投资性房地产(采用成本模式后续计量)、固定资产、无形资产,按其可收回金额低于账面价值的差额,确认减值损失,计提资产减值准备,借记“资产减值损失”账户,分别贷记“长期股权投资减值准备”“投资性房地产减值准备”“固定资产减值准备”“无形资产减值准备”账户。

长期股权投资、投资性房地产(采用成本模式后续计量)、固定资产、无形资产等长期资产,减值损失一经确认,在以后会计期间不得转回。

(二十二) 销售收入的确认及销售核算流程

1. 销售收入的确认。

在履行合同中的履约义务,即在客户取得相关商品控制权时确认收入。取得相关商品控制权,是指能够主导该商品的使用并从中获得几乎全部的经济利益。

收入确认的具体时点:

(1) 内销。采用支票、银行汇票、商业汇票、汇兑等方式结算货款或赊销的,均在开出发票并按合同履约发出产品以后确认销售收入;若采用委托收款、托收承付结算方式的,则应在开出发票、按合同履约发出产品,并向银行办妥托收或托收承付手续后确认销售收入。

(2) 外销。公司对外销售产品必须与进口方签订购销合同,并在合同中明确采用信用证结算方式结算货款。在公司接到银行转来买方开证银行开出的信用证时,需要审核其相关条款与购销合同的一致性,待确认相符后再按合同规定装运货物,并将信用证与出口发票、包装单据、运输单、出口报关单、保险单、检验证书、原产地证明,以及公司为要求结算货款而开立的

汇票等一并送交银行，由银行办理结汇。相关单据送交银行后，即可确认对外销售收入实现。

2. 销售核算流程简图。

销售核算流程简图

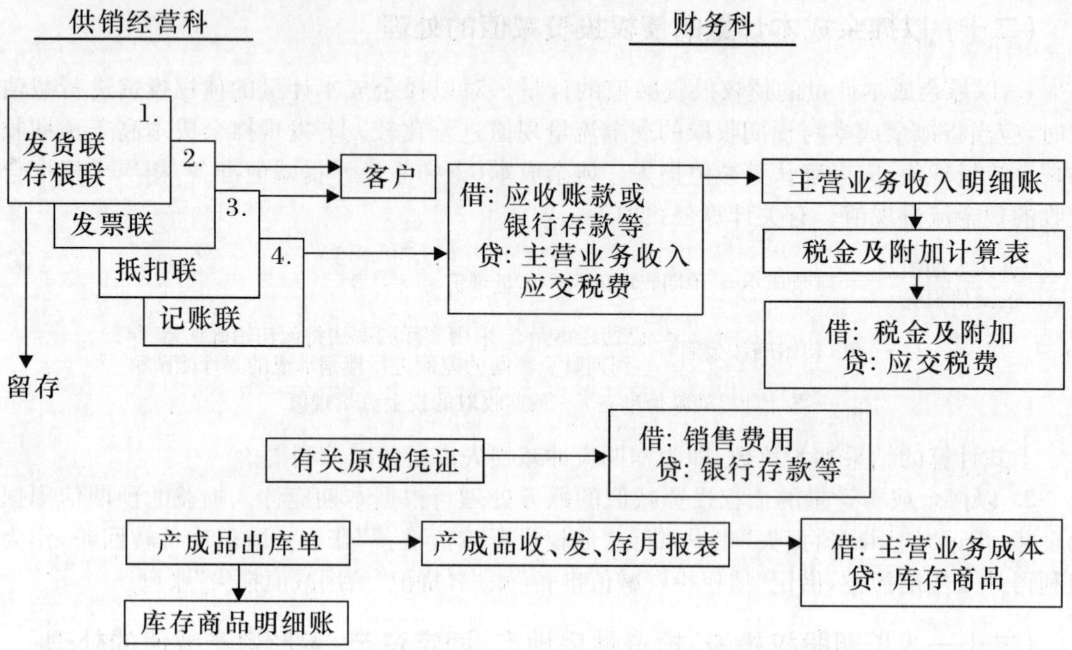

（二十三）借款利息的处理

1. 为需要经过相当长时间的购建或者生产活动才能达到预定可使用或者可销售状态的固定资产、投资性房地产和存货等而发生的借款利息，应当在同时满足以下三个条件时，开始资本化：①资产支出已经发生；②借款费用已经发生；③为使资产达到预定可使用或者可销售状态所必要的购建或者生产活动已经开始。当所购建资产达到预定可使用或者可销售状态时，应停止资本化。

2. 按月计算借款利息资本化的金额。在符合借款费用资本化条件的期间内，对于专门借款，将其当月实际发生的利息费用减去将尚未动用的该借款资金存入银行取得的利息收入或进行暂时性投资取得的投资收益后的金额，确定为予以资本化的利息金额；对于所占用的一般借款，应根据累计资产支出超过专门借款部分的资产支出加权平均数乘以该一般借款的资本化率，计算确定为予以资本化的利息金额，其中资本化率应当根据一般借款加权平均利率计算确定。

3. 不符合借款费用资本化条件的借款利息均计入发生当期的财务费用。

（二十四）所得税费用的处理

所得税会计采用资产负债表债务法。比较有关资产和负债的账面价值与计税基础，确定应纳税暂时性差异和可抵扣暂时性差异；除会计准则规定的特殊情况外，确认递延所得税负债和递延所得税资产；根据递延所得税负债和递延所得税资产的本期增减变化，确定递延所得税；根据适用的税法规定计算当期应纳税所得额和应交所得税，确定当期所得税；根据当期所得税和递延所得税，确定利润表中的所得税费用。

如果所得税影响是由直接计入所有者权益的交易或事项所发生的，则计入“其他综合收益”等相应的所有者权益项目。

(二十五) 现金等价物的确认条件

同时具备持有期限短、流动性强、易于转换为已知金额的现金、价值变动风险很小的投资，确认为现金等价物(该企业无现金等价物)。

三、应交税费及税(费)率

1. 企业所得税税率：　　　　　　　　25％

2. 增值税税率：

　　生产及销售保温瓶　　　　　　　16％　（该公司为增值税一般纳税人）

　　出租房屋　　　　　　　　　　　10％

3. 城市维护建设税税率：　　　　　　7％　（根据企业实际缴纳增值税、消费税税额之和计征）

4. 教育费附加率：　　　　　　　　　3％

说明：（1）由地方政府征收的其他附加费在本实验教材中略去，以适当减少实习的重复工作量。

（2）本实验教材着重要求掌握会计处理的基本方法，有关业务所用的各种税率，不一定完全按照现行税收政策的变化作相应调整。

5. 房产税：

　　自用房屋：　　房产账面原值×(1－扣除率 20％)×年税率 1.2％÷12

　　出租房屋：　　月租金收入×税率 12％

　房产税按月计提后，每年分两次于 5 月、11 月缴纳。

6. 城镇土地使用税：　年税额 5 元/平方米

　城镇土地使用税按月计提后，每年分两次于 5 月、11 月缴纳。

7. 车船税：

　　轿车　　　　　年税额 320 元/辆

　车船税按年计征，因金额较小，直接计入缴纳当月的税金及附加。

8. 印花税：

　印花税在购买印花税票时计入当月管理费用。

9. 个人所得税：

　由企业根据职工的每月工资所得，按超额累进税率代扣代缴。

四、实习目的、程序、要求及实习组织

（一）实习目的

通过本实验教材的操作，学生能比较系统、全面地掌握制造业企业会计核算的基本程序和具体方法，有利于加强对专业基本理论知识、基本方法的理解和运用，以及基本技能的训练，从而增强学生的职业判断能力和实践能力。本实验教材的操作，要求学生将所学专业知识进行整合，综合运用于会计实务，为他们即将从事的会计工作打下扎实的基础。

（二）实习程序与要求

1. 熟悉实习企业概况、会计政策及内部会计核算办法。

2. 根据本实验教材“五、建账资料”所提供的2018年12月初各账户余额，开设总分类账户、明细分类账户及现金日记账、银行存款日记账，将余额记入余额栏内，摘要栏填写“承前页”。

此外，还应根据经济业务发生情况，增设必要的账户。

3. 根据模拟实习“六”和“七”所提供资料，整理或填制有关经济业务的原始凭证，分类编制记账凭证：收款凭证、付款凭证和转账凭证，并将原始凭证附于有关的记账凭证之后。记账凭证和账簿均用蓝、黑墨水笔填写、登记。

对于现金、银行存款、其他货币资金之间的收付业务，以贷项为主，只编付款凭证。

各类记账凭证应分别顺序编号：

现金收款凭证	现收1、现收2、现收3……
现金付款凭证	现付1、现付2、现付3……
银行存款收款凭证	银收1、银收2、银收3……
银行存款付款凭证	银付1、银付2、银付3……
其他货币资金收款凭证	币收1、币收2、币收3……
其他货币资金付款凭证	币付1、币付2、币付3……
转账凭证	转1、转2、转3……

4. 根据收款凭证、付款凭证登记现金日记账、银行存款日记账和现金流量表台账。

发现错账，应根据具体情况，分别采用划线更正法、红字更正法和补充登记法更正错账，切勿刮、擦、挖、补和涂改。

5. 根据所编记账凭证及所附原始凭证或原始凭证汇总表，陆续顺序登记有关明细账。为了减少手工操作实习的重复工作量，采用手工操作实习的学生在按本实验教材“四、建账资料”中的要求设置有关明细账时，对“账页格式”栏处写明“略”的明细账登记可从略，而采用电算化操作实习的学生则不可省略。

6. 按照本实验教材“二（六）”所述方法及程序，根据本月收料单、领料单、退料单，以及“材料采购”“委托加工物资”“材料成本差异”等明细账户记录，编制“原材料、低值易耗品收发存月报表”(原材料、低值易耗品收发存的计划成本已汇总在表内),分类计算本月材料成本差异率,并据以编制汇总收料与结转差异、汇总发料及分摊差异的记账凭证。

7. 按实耗修理工时分配本月机修车间发生的辅助生产成本;按产品定额工时分配各基本生产车间生产工人工资薪酬、发生的制造费用。编制分配表和有关分配结转的记账凭证。

8. 根据本实验教材“一(四)”与“二(十一)(十二)”所述流程和规定,采用逐步结转分步法分别计算制壳、塑料车间自制半成品成本,以及装配车间完工产品成本。对于塑料车间自制半成品类内成本的划分采用系数法。

编制产品成本计算表,并据以编制自制半成品完工入库及领用、产成品完工入库等结转成本的记账凭证。

为减少实习的重复工作量,某些业务涉及的有关单证已填制完成,并在实习资料“六”相关业务中注明“已填制”等字样。

9. 按本实验教材“三”中所列各项税金与附加费的税(费)率,计提各种税费,编制有关记账凭证。

10. 按权责发生制要求计算、结转损益并进行利润分配,编制有关记账凭证。

11. 根据记账凭证定期于每月 15 日、月末编制科目汇总表,并利用科目汇总表进行试算平衡。

12. 根据科目汇总表登记各总分类账户(包括各有关的损益类账户)。

13. 结出各类账簿或账户本期发生额及期末余额,将总分类账与有关明细分类账、日记账进行核对。

14. 根据核对相符的总分类账户、明细分类账户以及本实验教材“八(一)(二)(三)(四)”所提供资料,编制资产负债表、利润表、现金流量表和所有者权益(股东权益)变动表。

15. 根据所编制的会计报表以及本实验教材“八(五)”所作提示计算下列财务指标:资产负债率、流动比率、速动比率、应收账款周转率、存货周转率、资本收益率、销售利润率、总资产报酬率、资本保值增值率和资本经营现金净流量率。

16. 将收款、付款、转账凭证分别按编号顺序排列,折叠整齐,加具封面,装订成册。账页、报表也应分别加具封面,装订成册。

17. 有条件的学校,可运用计算机编制记账凭证、登账和编制会计报表。

(三) 实习组织

1. 应配备专职或兼职实习教师,组织和指导实习全过程,并根据学生完成实习的质量和工作量给予评分。

2. 可根据具体情况选择分组共同完成实习或一人单独完成实习。

分组共同完成实习,有利于相互讨论和加强复核。每组人数以 2～4 人为宜。完成实习后,应填写各人分工及工作量明细表,以便明确责任和考核评分。为了弥补分组实习的缺陷,在实习过程中应加强交流。指导教师在实习完成后还应组织个别面试,以了解学生对组内所完成会计核算工作的熟悉程度。

一人单独完成实习,有利于系统地、全面地熟悉和掌握整个企业会计实务。

五、建账资料

(一) 企业会计科目表

[新发布和修订会计准则设置了一些新的会计科目,但财政部尚未发布统一的会计科目编码。为便于采用电算化方式开展实验教学,本教材暂设了部分会计科目编码。]

序号	编号	名　　称	序号	编号	名　　称
		一、资产类	23	1481	持有待售资产
1	1001	库存现金	24	1482	持有待售资产减值准备
2	1002	银行存款	25	1501	债权投资
3	1012	其他货币资金	26	1502	债权投资减值准备
4	1101	交易性金融资产	27	1503	其他债权投资
5	1121	应收票据	28	1504	其他权益工具投资
6	1122	应收账款	29	1511	长期股权投资
7	1123	预付账款	30	1512	长期股权投资减值准备
8	1131	应收股利	31	1521	投资性房地产
9	1132	应收利息	32	1522	投资性房地产累计折旧(摊销)
10	1221	其他应收款	33	1601	固定资产
11	1231	坏账准备	34	1602	累计折旧
12	1401	材料采购	35	1603	固定资产减值准备
13	1402	在途物资	36	1604	在建工程
14	1403	原材料	37	1605	工程物资
15	1404	材料成本差异	38	1606	固定资产清理
16	1405	库存商品	39	1701	无形资产
17	1406	发出商品	40	1702	累计摊销
18	1407	商品进销差价	41	1703	无形资产减值准备
19	1408	委托加工物资	42	1711	商誉
20	1412	包装物	43	1801	长期待摊费用
21	1413	低值易耗品	44	1811	递延所得税资产
22	1471	存货跌价准备	45	1901	待处理财产损溢

（续表）

序号	编号	名　　称	序号	编号	名　　称
		二、负债类	68	4104	利润分配
46	2001	短期借款	69	4201	库存股
47	2201	应付票据			五、成本类
48	2202	应付账款	70	5001	生产成本(开发成本)
49	2203	预收账款	71	5101	制造费用
50	2211	应付职工薪酬	72	5201	劳务成本
51	2221	应交税费			六、损益类
52	2231	应付利息	73	6001	主营业务收入
53	2232	应付股利	74	6051	其他业务收入
54	2241	其他应付款	75	6101	公允价值变动损益
55	2245	持有待售负债	76	6111	投资收益
56	2501	长期借款	77	6115	资产处置损益
57	2502	应付债券	78	6117	其他收益
58	2701	长期应付款	79	6301	营业外收入
59	2702	未确认融资费用	80	6401	主营业务成本
60	2711	专项应付款	81	6402	其他业务成本
61	2801	预计负债	82	6405	税金及附加
62	2901	递延所得税负债	83	6601	销售费用
		三、共同类(略)	84	6602	管理费用
		四、所有者权益类	85	6603	财务费用
63	4001	实收资本	86	6701	资产减值损失
64	4002	资本公积	87	6702	信用减值损失
65	4003	其他综合收益	88	6711	营业外支出
66	4101	盈余公积	89	6801	所得税费用
67	4103	本年利润	90	6901	以前年度损益调整

(二) 账页格式及 2018 年 12 月初账户余额

[采用电算化方式实验的学生，开设并登记所有相关账户（总账、明细账及日记账）；采用手工方式实验的学生，可不开设“账页格式”栏带“略”字的明细账户，以简化实验工作量。]

科目编号	总账科目	子　目	细　目	余　额	账页格式
1001	库存现金			941.90	三栏式总账、日记账
1002	银行存款			469 715.47	三栏式
		工商银行	人民币户	180 053.05	日记账
		中国银行	人民币户	124 757.22	日记账
		工商银行	社保基金专户	164 905.20	日记账
1012	其他货币资金			85 250.30	三栏式
			银行本票存款	0	三栏式(略)
			银行汇票存款	0	三栏式(略)
			待转让支票	0	三栏式(略)
			存出投资款	85 250.30	三栏式
1101	交易性金融资产			1 905 700.00	三栏式
		明星电力股票	成本	1 729 000.00 (95 000 股)	三栏式(略)
			公允价值变动	176 700.00	三栏式(略)

注：明星电力股票系公司于 2017 年最后一个交易日以收盘价购入。

1121	应收票据			1 774 400.00	三栏式
		银行承兑汇票	上海保温容器公司	360 000.00	三栏式(略)
			徐州百货公司	338 000.00	三栏式(略)
		商业承兑汇票	信谊百货公司	631 800.00	三栏式(略)
			宁波百货公司	444 600.00	三栏式(略)
1122	应收账款			1 161 080.00	三栏式
			上海东方百货公司	499 880.00	三栏式(略)
			湖州日用百货公司	661 200.00	三栏式(略)
			信谊百货公司	0	三栏式(略)
			宁波百货公司	0	三栏式(略)
			新加坡新中贸易公司	0	复币三栏式

（续表）

科目编号	总账科目	子 目	细 目	余 额	账页格式
			新加坡金狮贸易公司	0	复币三栏式
1123	预付账款			3 040.67	三栏式
			报刊订阅费	703	三栏式(略)
			财产保险费	1 831.67	三栏式(略)
			机动车辆保险费	506	三栏式(略)
1221	其他应收款			4 480.00	三栏式
			行政科定额备用金	800	三栏式(略)
			包装箱押金	1 680.00	三栏式(略)
			预支差旅费	2 000.00	三栏式(略)
			其他	0	三栏式(略)
1231	坏账准备			(贷)94 828.78	三栏式
			应收票据	0	三栏式(略)
			应收账款	(贷)94 639.78	三栏式(略)
			其他应收款	(贷)189.00	三栏式(略)

注：年初应收账款和其他应收款分别计提坏账准备 94 639.78 元和 189.00 元。

科目编号	总账科目	子 目	细 目	余 额	账页格式
1401	材料采购			33 000.00	三栏式
		铝材类		0	横线登记式
		马口铁		0	横线登记式
		塑料粒子		0	横线登记式
		瓶胆类		0	横线登记式
		辅助材料类		33 000.00	横线登记式
		低值易耗品		0	横线登记式
1403	原材料			896 360.00	三栏式
		铝材类	详见收发存汇总表	148 800.00	数量金额式(略)
		铝配件	详见收发存汇总表	(7 500 套)28 500	数量金额式(略)

（续表）

科目编号	总账科目	子目	细目	余额	账页格式
		马口铁	详见收发存汇总表	（3.7 吨）20 720.00	数量金额式
		塑料粒子	详见收发存汇总表	（28 吨）280 000.00	数量金额式
		瓶胆类	详见收发存汇总表	251 810.00	数量金额式（略）
		辅助材料类	详见收发存汇总表	166 530.00	数量金额式（略）
1404	材料成本差异			（贷）4 143.31	三栏式
		铝材类		982.08	三栏式
		铝配件		2 783.91	三栏式
		马口铁		318.4	三栏式
		塑料粒子		（贷）7 584.00	三栏式
		瓶胆类		5 964.30	三栏式
		辅助材料类		（贷）6 164.00	三栏式
		低值易耗品		（贷）444.00	三栏式
1405	库存商品			1 967 470.74	三栏式
		产成品	铝壳气压保温瓶	（28 490 只）809 116.00	数量金额式（略）
			铁壳保温瓶	（11 189 只）180 142.90	数量金额式（略）
			塑壳保温瓶（大）	（27 214 只）306 157.50	数量金额式（略）
			塑壳保温瓶（中）	（21 275 只）204 878.25	数量金额式（略）
			塑壳保温瓶（小）	（26 315 只）217 625.05	数量金额式（略）
		自制半成品	铝壳	（8 220 只）72 582.60	数量金额式（略）
			铁壳	（3 492 只）18 228.24	数量金额式（略）
			塑壳大	（4 990 只）13 473.00	数量金额式
			塑壳中	（7 970 只）19 765.60	数量金额式
			塑壳小	（7 160 只）15 680.40	数量金额式（略）
			塑配件大	（5 975 套）12 906.00	数量金额式
			塑配件中	（7 640 套）14 745.20	数量金额式
			塑配件小	（7 950 套）14 310.00	数量金额式（略）

（续表）

科目编号	总账科目	子　目	细　目	余　额	账页格式
			气压式塑配件	（7 250 套）67 860.00	数量金额式（略）
1408	委托加工物资			118 225.17	三栏式
		上海铝材厂	铝片	84 252.42	三栏式
		上海新丰铝制品厂	铝配件	33 972.75	三栏式
1413	低值易耗品			13 800.00	三栏式
		压力表	在库	（14 只）7 000.00	数量金额式（略）
			在用		数量金额式（略）
			摊销		数量金额式（略）
		电动机	在库	（12 台）3 000.00	数量金额式（略）
			在用		数量金额式（略）
			摊销		数量金额式（略）
		其余详见收发存汇总表	（不设）	3 800.00	数量金额式（略）
1501	债权投资			613 200.00	三栏式
		10 新港债	面值	600 000.00	三栏式（略）
			利息调整	13 200.00	三栏式（略）
1504	其他权益工具投资			656 853.77	三栏式
		彩虹塑料厂	成本	696 853.77	三栏式（略）
			公允价值变动	－40 000.00	三栏式（略）
1511	长期股权投资			5 815 292.27	三栏式
		信谊百货公司	投资成本	（为初始成本）4 058 100.00	三栏式
			损益调整	254 192.27	三栏式
			其他权益变动	153 000.00	三栏式
		高庄铝制品厂	投资成本	（为初始成本）1 350 000.00	三栏式（略）
			损益调整	0	三栏式（略）
			其他综合收益	0	三栏式（略）
1521	投资性房地产			625 800.00	三栏式

（续表）

科目编号	总账科目	子目	细目	余额	账页格式
1522	投资性房地产累计折旧			（贷）178 800.00	三栏式
1601	固定资产			5 403 955.00	三栏式
1602	累计折旧			（贷）1 616 630.00	三栏式
1603	固定资产减值准备			0	三栏式
1604	在建工程			585 339.10	三栏式
			建造仓库工程	480 000.00	三栏式（略）
			安装冲床工程	26 500.00	三栏式（略）
			新建生产线工程	78 839.10	三栏式（略）

注："在建工程——建造仓库工程"12月初余额480 000元系11月30日支付的工程进度款。

1605	工程物资			0	三栏式
1606	固定资产清理			0	三栏式
1701	无形资产			240 000.00	三栏式
			非专利技术	240 000.00	三栏式（略）
1702	累计摊销			（贷）24 000	三栏式
1811	递延所得税资产			33 707.20	三栏式
			与损益有关	23 707.20	三栏式（略）
			直接计入所有者权益	10 000.00	三栏式（略）

注：递延所得税资产23 707.20是上年年末应收款项的账面价值与计税基础发生可抵扣暂时性差异而确认的；另10 000元是本年1～11月中其他权益工具投资的账面价值与计税基础发生可抵扣暂时性差异而确认的。

1901	待处理财产损溢			0	三栏式
2001	短期借款			2 500 000.00	三栏式
		工商银行		0	三栏式（略）
		中国银行		2 500 000.00	三栏式（略）
2201	应付票据			1 517 935.82	三栏式
		商业承兑汇票	东江有色金属公司	300 000.00	三栏式（略）
			高庄铝制品厂	289 260.00	三栏式（略）
			上海瓶胆总厂	671 463.00	三栏式（略）
		银行承兑汇票	天明塑料公司	257 212.82	三栏式（略）
2202	应付账款			256 657.59	三栏式
			化轻涂料供应公司	159 584.79	三栏式（略）
			东江有色金属公司	63 390.60	三栏式（略）

（续表）

科目编号	总账科目	子　　目	细　　目	余　　额	账页格式
			光明机械设备有限公司	33 682.20	三栏式(略)
2203	预收账款			60 000.00	三栏式
		出租房预收租金	泰山证券公司	60 000.00	三栏式(略)
2211	应付职工薪酬			0	三栏式
2221	应交税费			270 961.80	三栏式
			应交增值税[详见资料五(八)]	189 340.00	多栏式
			应交城市维护建设税	13 463.80	三栏式
			应交所得税	57 250.00	三栏式
			应交个人所得税	2 137.80	三栏式
			应交教育费附加	5 770.20	三栏式
			应交房产税	3 000.00	三栏式(略)
			应交土地使用税	0	三栏式(略)
2231	应付利息			38 675.00	三栏式
			预提短期借款利息	38 675.00	三栏式(略)
2232	应付股利			0	三栏式
2241	其他应付款			8 381.84	三栏式
			应付养老保险费	0	三栏式(略)
			应付住房公积金	0	三栏式(略)
			应付医疗保险费	0	三栏式(略)
			应付失业保险费	0	三栏式(略)
			应付生育保险费	0	三栏式(略)
			应付工伤保险费	0	三栏式(略)
			应付工会会费	0	三栏式(略)
			提取教育经费	8 381.84	三栏式(略)
			其他	0	三栏式(略)
2501	长期借款			1 018 503.34	三栏式
		工商银行	建造仓库专门借款	1 018 503.34	三栏式(略)

（续表）

科目编号	总账科目	子　目	细　目	余　额	账页格式
2901	递延所得税负债			44 175.00	三栏式

注：此项“递延所得税负债”是因本年 1～11 月交易性金融资产的账面价值与计税基础存在应纳税暂时性差异而形成。

4001	实收资本			12 500 000.00	三栏式
			立信股份有限公司	10 000 000.00	三栏式(略)
			上海瓶胆总厂	2 500 000.00	三栏式(略)
4002	资本公积			200 000.00	三栏式
			其他资本公积	200 000.00	三栏式(略)
4003	其他综合收益			−30 000.00	三栏式
			其他权益工具投资公允价值变动	−30 000.00	三栏式(略)
4101	盈余公积			1 036 224.00	三栏式
			法定盈余公积	518 112.00	三栏式(略)
			任意盈余公积	518 112.00	三栏式(略)
4103	本年利润			957 924.87	三栏式
4104	利润分配			279 770.06	三栏式
			提取法定盈余公积	0	三栏式(略)
			提取任意盈余公积	0	三栏式(略)
			应付现金股利或利润	0	三栏式(略)
			未分配利润	279 770.06	三栏式(略)
5001	生产成本			169 999.82	三栏式
		基本生产成本	铝壳[详见资料五(三)]	13 988.00	多栏式(略)
			铁壳[详见资料五(三)]	6 038.50	多栏式(略)
			塑壳类[详见资料五(三)]	13 216.38	多栏式
			塑配件类[详见资料五(三)]	6 446.42	多栏式
			气压式塑配件[详见资料五(三)]	114 685.52	多栏式(略)
			铝壳气压保温瓶[详见资料五(三)]	9 147.00	多栏式(略)
			铁壳保温瓶[详见资料五(三)]	4 338.00	多栏式(略)

（续表）

科目编号	总账科目	子目	细目	余额	账页格式
			塑壳保温瓶（大）[详见资料五（三）]	816.00	多栏式
			塑壳保温瓶（中）[详见资料五（三）]	874.00	多栏式
			塑壳保温瓶（小）[详见资料五（三）]	450.00	多栏式
		辅助生产成本	机修[详见资料五（四）]	0	多栏式
5101	制造费用			0	三栏式
		制壳车间	详见资料五（五）	0	多栏式
		塑料车间	详见资料五（五）	0	多栏式
		装配车间	详见资料五（五）	0	多栏式
6001	主营业务收入			0	三栏式
6051	其他业务收入			0	三栏式
6101	公允价值变动损益			0	三栏式
6111	投资收益			0	三栏式
6115	资产处置损益			0	三栏式
6301	营业外收入			0	三栏式
6401	主营业务成本			0	三栏式
6402	其他业务成本			0	三栏式
6405	税金及附加			0	三栏式
6601	销售费用			0	三栏式
6602	管理费用			0	三栏式
			详见资料五（六）	0	多栏式
6603	财务费用			0	三栏式
6701	资产减值损失			0	三栏式
6702	信用减值损失			0	三栏式
6711	营业外支出			0	三栏式
6801	所得税费用			0	三栏式

（三）"生产成本——基本生产成本"明细账户12月初余额

品种＼项目	主要材料	辅助材料	自制半成品	瓶胆	职工薪酬	制造费用	合计	工时（小时）	产量
铝壳	10 120.00	1 234.50			1 717.50	916.00	13 988.00	229	
铁壳	3 420.00	675.00			1 267.50	676.00	6 038.50	167	
塑壳类	10 480.38				1 756.80	979.20	13 216.38		5 310只
塑配件类	4 902.42				1 001.20	542.80	6 446.42		3 250只
气压式塑配件	76 285.52				26 000.00	12 400.00	114 685.52		12 000套
铝壳气压保温瓶		697.00	6 950.00	1 500.00	0	0	9 147.00		
铁壳保温瓶	1 178.00	100.00	1 560.00	1 500.00	0	0	4 338.00		
塑壳保温瓶（大）		38.00	478.00	300.00	0	0	816.00		
塑壳保温瓶（中）		34.00	400.00	440.00	0	0	874.00		
塑壳保温瓶（小）		12.00	288.00	150.00	0	0	450.00		
合计	106 386.32	2 790.50	9 676.00	3 890.00	31 743.00	15 514.00	169 999.82	—	—

（四）"生产成本——辅助生产成本"明细项目

项目	职工薪酬	折旧费	财产保险费	低值易耗品及材料消耗	水电费	其他

（五）"制造费用"明细项目

项目	职工薪酬	折旧费	劳防费	财产保险费	水电费	办公费	材料消耗及其他

（六）"管理费用"明细项目

项目	职工薪酬	折旧、修理及财产保险	无形资产摊销	材料消耗	存货盘亏（减盘盈）	水电费	电话费	业务招待费	交通、差旅费	税金	办公费及其他

（七）原材料及低值易耗品计划成本表

原材料单位计划成本表

名　　称	计量单位	计划成本(元)	名　　称	计量单位	计划成本(元)
铝锭	吨	13 500.00	底垫	只	0.15
铝片	吨	20 000.00	纸盒	只	1.60
铝配件	套	3.80	纸箱	只	6.00
马口铁	吨	5 600.00	漆	千克	12.00
塑料粒子	吨	10 000.00	稀释剂	千克	10.00
瓶胆(大)	只	5.00	汽油	升	2.00
瓶胆(中)	只	4.00	机油	升	9.00
瓶胆(小)	只	3.00	螺丝元钉	盒	100.00
黑铁托盘	只	0.85			
不锈钢吸管	支	0.65			
口圈	只	0.20			

低值易耗品单位计划成本表

名　　称	计量单位	计划成本(元)	名　　称	计量单位	计划成本(元)
压力表	只	500.00	修边刀	把	8.00
电动机	台	250.00	扳　手	把	15.00
安全钳	把	10.00			

（八）“应交税费——应交增值税”明细账户 12 月初余额

月初余额	借方			贷方		
	进项税额	已交税金	出口抵减内销产品应纳税额	销项税额	进项税额转出	出口退税
189 340.00				189 340.00		

六、2018 年 12 月份发生的经济业务

（共计 107 项）

(1) 1 日，签发支票一张，向中国工商银行提取现金 2 500 元备用。

要求：签发支票，号码 AE101166。

(2) 1 日，塑料车间职工刘海、汪华报销子女 11 月份幼托费共计 120 元，出纳以现金付讫。

(3) 1 日，开给信谊百货公司增值税专用发票（号码 22085702），货已发出，货款尚未收到（赊销）。

铝壳气压保温瓶	型号 301	13 200 只	价款 462 000 元	税额 73 920 元
铁壳保温瓶	型号 101	5 400 只	价款 108 000 元	税额 17 280 元

(4) 1 日，签发中国工商银行支票一张，金额为 42 503.95 元，支付上海铝材厂 6 吨铝片加工费，增值税专用发票列明加工费 36 641.34 元和税额 5 862.61 元。铝片（铝材类）已验收入库。上月发出委外加工的铝锭实际成本为 84 252.42 元。

要求：签发支票，号码 AE101167；

填制委托加工收料单（合同号：0617）。

(5) 1 日，收到设备科开出的固定资产竣工验收通知单，本年 10 月份购入安装的一台冲床已达到预定可使用状态，验收后交付制壳车间使用，结转其全部成本 26 500 元。

(6) 1 日，向中国工商银行申请签发银行本票一张，金额为 25 000 元，交给采购员张敏向东海无线电厂采购不锈钢吸水管。

要求：填制本票申请书。该本票通过中国工商银行上海分行兑付。

(7) 2 日，签发中国工商银行支票一张，预付明年上半年公司各科室报刊订阅费 4 338 元，收到愚园路邮电支局开出增值税专用发票一张。

要求：签发支票，号码 AE101168。

(8) 2 日，采购员张敏用面额为 25 000 元的本票，向东海无线电厂购入不锈钢吸管（辅助材料类）35 000 支，增值税专用发票列明价款 21 000 元和税额 3 360 元。货已验收入库，余额暂作"其他应收款"处理。

要求：填制收料单。

(9) 2 日，收到泰山证券公司交来支票一张，金额为 198 000 元，系预付租用本公司房屋明年 1～3 月份租金，送存中国工商银行。开给泰山证券公司增值税专用发票（号码 22085703）一张。

要求：填制进账单。

(10) 3 日，采购员张敏交来东海无线电厂签发支票一张，金额为 640 元，系结清用本票采购不锈钢吸水管的余额。财务科当天存入中国工商银行。

要求：填制进账单。

(11) 3 日，签发中国工商银行支票一张，金额为 3 180 元，支付商品交易会摊位费，收到商品交易会开出增值税专用发票一张。

要求：签发支票，号码 AE101169。

(12) 3 日，开给新加坡新中贸易公司出口商业发票一张(号码 98B02001)，货已发出，将发票连同信用证及其他有关单证，提交中国银行办理结算，当日市场汇价为 1 美元＝6.422 元人民币。出口货物实行"免、抵、退"税收管理办法，出口退税率为 13%。

铝壳气压保温瓶	型号 301	3 000 只	单价	4.4 美元(离岸价)
塑壳保温瓶(小号)	型号 201	3 000 只	单价	1.2 美元(离岸价)

(13) 3 日，用现金支付财务科林玲业务培训费 371 元，收到新华财会学校开出增值税专用发票一张。

(14) 3 日，由中国工商银行转来东江有色金属公司委托收款凭证，要求承付该公司发出 8 吨铝锭的货款 125 697.6 元，承付期为 10 天。

(15) 6 日，向江湾橡胶厂购入底垫(辅助材料类)100 000 只，不含增值税单价为 0.14 元；购入口圈(辅助材料类)100 000 只，不含增值税单价为 0.19 元。今日货到并验收入库，价款 33 000 元及增值税款 5 280 元上月已付讫。

要求：填制收料单(发票号码:0114715)。

(16) 6 日，采购员姚怡预支赴余姚采购差旅费 400 元，出纳以现金付讫。

(17) 7 日，以现金支付仓库管理员刘水根生活困难补助费 300 元。

(18) 7 日，收到上海东方百货公司交来支票一张，金额为 80 000 元，系偿还上月购货所欠部分货款，本公司准备背书转让该支票。

(19) 7 日，向上海宏达纸品厂购入包装纸盒(辅助材料类)35 000 只，不含增值税单价为 1.46 元；购入纸箱(辅助材料类)4 000 只，不含增值税单价为 5.90 元。增值税专用发票列明价款74 700元和税额 11 952 元，上述款项通过背书转让东方百货公司交来的支票结算(金额为 80 000元)。同时签发一张中国工商银行支票，号码 AE101170(已填制)，金额为 6 652 元，补付货款差额。货已验收入库。

要求：背书转让东方百货公司交来支票；

填制收料单。

(20) 8 日，与中国工商银行静安支行签订为期 3 个月的流动资金借款合同，金额为 800 000元。接到开户银行收账通知，借款已划转本公司账户。

(21) 8 日，财务科王庆成回公司报销差旅费 1 947 元，并交回多余现金 53 元，出纳收款并开出收据。

要求：填制收据。

(22) 8 日，本公司本年度 11 月 8 日签发并承兑的一张商业承兑汇票到期，收到中国工商银行转来收款方(东江有色金属公司)托收票款的委托收款凭证付款通知联，如数支付票款 300 000 元。

(23) 8 日，对本年 1 月 1 日购买的公司债券(10 新港债，代码 122100)进行计息。该债券面值 600 000 元，票面利率 5%，按年计息，于次年 1 月 5 日付息，5 年后到期一次还本，实际利率为 4.5%。公司根据对管理购入债券的业务模式，将其分类为以摊余成本计量的金融资产。

至本月月末，该项债权投资未发生预期信用减值损失。

要求：填制10新港债摊余成本计算表。

(24) 9日，持上海保温容器公司国际贸易部本年度10月9日签发的银行承兑汇票向中国银行贴现。该汇票面值360 000元，3个月到期，贴现率10%，贴现协议中不带追索条款。银行扣除贴现息3 000元后，将本公司实得款项357 000元划转本公司账户。

要求：填制贴现凭证。

(25) 9日，开给上海保温容器公司国际贸易部增值税专用发票(号码22085704)，货已发出，当即收到对方签发并承兑的商业汇票一张，金额为392 544元。

塑壳保温瓶(大号)	型号203	9 600只	价款 153 600元	税额 24 576元
塑壳保温瓶(中号)	型号202	13 200只	价款 184 800元	税额 29 568元

(26) 9日，转让作为交易性金融资产核算的股票(明星电力)25 000股，收到交割凭证一张，列示成交金额542 700元，佣金等税费1 628.10元，实际得款541 071.90元，划转资金账户。

(27) 10日，姚怡报销差旅费454.80元，出纳以现金补付预支款不足之差额。

(28) 10日，以现金134.73元购买公司行政管理科用复印纸，增值税专用发票列明价款116.15元和税额18.58元。

(29) 10日，向中国工商银行申请签发银行本票一张，金额为30 000元，交采购员李强结算上海新丰铝制品厂铝配件加工费。

要求：填制本票申请书。该本票通过中国工商银行上海分行兑付。

(30) 10日，通过中国工商银行缴纳上月应交未交所得税57 250元、增值税额189 340元、城市维护建设税13 463.80元和教育费附加5 770.20元，代交上月已代扣的个人所得税2 137.80元。当即收到各有关税金及附加缴款书收据联。

(31) 13日，采购员李强持面值为30 000元的本票，向上海新丰铝制品厂结算15 099套铝配件加工费，增值税专用发票列明加工费24 913.35元和税额3 986.14元，余额由对方当即签发转账支票结清。支票送存工商银行，铝配件已验收入库。上月发出委外加工的铝锭实际成本为33 972.75元。

要求：填制进账单；

填制委托加工收料单(合同号：0166)。

(32) 13日，签发并承兑商业汇票一张，向上海瓶胆总厂购买瓶胆大号55 000只，中号18 000只，小号20 000只。不含增值税的单价大、中、小号分别为5.20元、4.10元、3.05元。增值税专用发票列明价款420 800元和税额67 328元。货已验收入库。

要求：签发商业承兑汇票(2019年2月13日到期)；

填制收料单。

(33) 14日，向东江有色金属公司购入8吨铝锭(铝材类)的货款承付期满，通过银行付讫。增值税专用发票列明价款108 360元和税额17 337.6元，货已验收入库。

签发中国工商银行支票一张，号码AE101171(已填制)，支付上海黄浦运输公司铝锭运费1 188元。收到该公司开出的增值税专用发票一张。

要求：填制收料单。

(34) 14日，签发中国工商银行支票一张，号码AE101172(已填制)，按照与光明机械设备有限公司签订的塑料车间注塑机大修理合同规定，预付大修理费5 800元。收到光明机械公司开出的增值税专用发票一张。

(35) 15 日，根据“工资结算汇总表”，签发支票一张，号码 AE101173，收款人为本公司职工工资户，金额为 216 149.89 元(已填制)，委托中国工商银行静安支行办理代发工资转存信用卡业务，发放工资 216 062.49 元，并支付银行手续费 87.40 元。工资发放清单以软盘形式同时送交银行，并经银行审核。

(36) 15 日，根据“工资结算汇总表”，结转本月代扣各种款项共计 46 337.51 元。

(37) 15 日，签发中国工商银行支票一张，号码 AE101174，收款人为信恒保温瓶有限公司工会(已填制)，根据“工资结算汇总表”，将代扣的职工工会会费 1 312 元划转本公司工会银行存款户。

(38) 15 日，根据“社会保险费、公积金及有关经费计算表”，计提交付各种保险费、公积金或经费：

计提企业负担的养老保险费 49 881.73 元；

计提企业负担的住房公积金 17 458.59 元；

计提企业负担的医疗保险费 23 693.83 元；

计提企业负担的失业保险费 1 247.06 元；

计提企业负担的生育保险费 2 494.06 元；

计提企业负担的工伤保险费 1 247.06 元；

计提并交付企业负担的工会经费 5 248 元；

计提企业负担的教育经费 3 936 元。

要求：填制行政拨交工会经费缴款书，通过中国工商银行静安支行交付本月工会经费，信恒保温瓶有限公司工会账号：267-40720091；开户行：中国工商银行静安支行。上级工会为上海市轻工业工会，账号：254-08118662；开户行：中国工商银行上海市分行营业部。

(39) 16 日，签发中国工商银行支票一张，号码 AE101175，收款人为信恒保温瓶有限公司公积金专户(已填制)，缴付职工住房公积金 34 917.18 元，其中企业负担的部分为 17 458.59 元，企业从职工工资中代扣代缴的部分为 17 458.59 元。

要求：填制上海市公积金汇缴书，公积金账号：271-05301239，上月汇缴金额也为 34 917.18元。

(40) 16 日，收到中国工商银行转来上海市社会保险事业基金结算管理中心的职工社会保险基金结算表和医疗保险费申报结算表等托收凭证，已从社保基金专户划转各项基金共计 104 751.66元。其中：

	单位交付金额	个人交付金额	合　计
交付养老保险金	49 881.73 元	19 952.69 元	69 834.42 元
交付医疗保险金	23 693.83 元	4 988.17 元	28 682.00 元
交付失业保险金	1 247.06 元	1 247.06 元	2 494.12 元
交付生育保险金	2 494.06 元	—	2 494.06 元
交付工伤保险金	1 247.06 元	—	1 247.06 元
合　计	78 563.74 元	26 187.92 元	104 751.66 元

(41) 16 日，向天明塑料公司购入塑料粒子 24 吨，增值税专用发票列明价款 219 840 元和

税额 35 174.4 元，款项用银行承兑汇票结算，货已验收入库，收料单已填制。

签发中国工商银行支票一张，号码 AE101176(已填制)，金额为 2 376 元，支付上海徐汇运输公司 24 吨塑料粒子运费。收到该公司开出的增值税专用发票一张。

要求：签发银行承兑汇票(2017 年 1 月 16 日到期)，中国工商银行承兑过程略。

(42) 17 日，签发工商银行支票一张，号码 AE101177(已填制)，向银行提取现金 2 000 元备用。

(43) 17 日，年末财产清查，分别盘亏大号瓶胆 72 只，盘亏稀释剂 3 千克，系搬运中发生的损耗。

要求：填制存货盘盈盘亏报告单，结转盘亏存货的计划成本。

(44) 17 日，开给宁波百货公司增值税专用发票(号码 22085705)，货已发出，货款尚未收到。同意对方采用汇兑方式结算货款。

铝壳气压保温瓶	型号 301	16 800 只	价款	588 000 元	税额	94 080 元
铁壳保温瓶	型号 101	4 800 只	价款	96 000 元	税额	15 360 元

(45) 17 日，签发中国工商银行支票一张，号码 AE101178(已填制)，购买印花税票 1 880 元。

(46) 20 日，制壳车间的一台电加热烘缸，因在生产中被新设备取代而停用，经批准处置转入清理，该设备原值 109 325 元，净残值率 4%，已使用 8 年，累计折旧 83 961.60 元。

(47) 20 日，通过中国工商银行缴纳上月未缴的自用房应缴房产税 3 000 元(滞纳税款)，并从本月 11 日(滞纳税款之日)起，按日支付滞纳税款 2‰的滞纳金 60 元。收到房产税缴款书收据联。

(48) 21 日，收到中国工商银行的信汇凭证(收账通知联)，应收宁波百货公司本月 17 日货款 793 440 元已收妥。

(49) 21 日，批准将已停用的电加热烘缸出售给静安区废品回收公司，开出增值税专用发票(号码 22085706)，同时收到该公司开具的支票一张，金额 6 769.79 元，企业填制进账单，将其与支票一同送存中国工商银行。设备由沪兴运输服务公司运往废品公司，收到该运输公司开具的增值税普通发票，以现金支付运费 125.50 元。此项设备清理完毕，结转清理净损益。

(50) 21 日，收到中国工商银行转来中国电信上海分公司专用托收凭证，付讫通信费 14 156.11元。已从中国电信上海分公司取得增值税专用发票。

(51) 21 日，供销经营科职工金利报销联系业务市内交通费 25.60 元，出纳以现金付讫。

(52) 21 日，签发中国工商银行支票一张，号码 AE101179(已填制)，支付本公司综合办公楼电梯日常保养费 3 031.6 元，收到开达电梯工程公司开出的增值税专用发票。

(53) 21 日，签发中国工商银行支票一张，号码 AE101180(已填制)，金额为 50 000 元，连同铝壳气压保温瓶 60 只，捐赠给静安区长春小学。收到长春小学开具收据一张，该批保温瓶的单位售价与单位公允价值均为 35 元。

(54) 22 日，收到中国工商银行转来的自来水公司专用托收凭证，付讫款项共计 7 459.26 元。已从自来水公司取得的增值税专用发票列明水费 7 242 元和增值税 217.26 元。本公司在支付水费时当即按下列固定比例进行分配：

制壳车间	50%
塑料车间	27%
装配车间	5%

机修车间　5%
行政管理部门　13%

要求：编制水费分配表。

(55) 22 日，收到中国工商银行转来供电局专用托收凭证，付讫款项共计 44 115.96 元。已从供电局取得的增值税专用发票列明电费 38 031 元和增值税 6 084.96 元。本公司在支付电费时当即按下列固定比例进行分配：

制壳车间　48%
塑料车间　36%
装配车间　3%
机修车间　3%
行政管理部门　10%

要求：编制电费分配表。

(56) 22 日，收到中国银行的付款通知，结算用于生产经营资金周转的短期借款本季度利息 58 012.50 元，从本公司账户中划转，上 2 个月已预提利息 38 675 元。

(57) 22 日，收到中国工商银行的两张付款通知。一张结算用于专门建造仓库的长期借款本季度利息27 755元，公司上 2 个月已计利息 18 503.34 元，并记入"长期借款"账户。该项工程至今仍在建造中。另一张结算本月借入的流动资金贷款利息 3 172 元。两笔利息均从本公司账户中划转。

(58) 22 日，收到中国工商银行结算存款利息通知，第四季度银行存款利息收入为 4 500.60 元。

(59) 22 日，收到中国银行结算存款利息通知，第四季度银行存款利息收入为 1 077.22 元。

(60) 22 日，填制还款凭证，归还流动资金借款 100 000 元，该项借款本年度 9 月 20 日向中国银行借入，今日到期。利息已于同日业务(56)结清。

要求：填制贷款还款凭证(放款户账户：410-0681774501)。

(61) 23 日，从利通证券股份有限公司购入股票(明星电力)10 000 股，作为交易性金融资产核算。收到交割单一张，列示成交金额 206 600 元，佣金等税费 619.80 元，实际付款 207 219.80元从资金账户划出。

(62) 23 日，行政管理科朱琴为车间购买办公和劳防用品，取得两张增值税专用发票。其中一张发票金额 958.36 元已支付，包括购买质量检验表 168 元、计算器 624.72 元、圆珠笔 31.04元、双面胶 2.41 元和增值税款 132.19 元；另一张发票金额 11 455 元，包括价款 9 875 元和增值税款 1 580 元，是为塑料车间购买劳防手套，货款尚未支付给人民百货公司。两张发票中应由制壳、塑料、装配车间分别负担676.60元、9 986.52 元、38.05 元。该科室有定额备用金 800 元。出纳以现金付讫朱琴的报销款。

(63) 23 日，签发中国工商银行支票一张，号码 AE101181(已填制)，金额为 2 644.8 元，向长虹建材公司购入建造本公司车库所需的水泥 4 吨，不含增值税单价为 450 元；黄沙 10 吨，不含增值税单价为 48 元。增值税专用发票列明价款 2 280 元和税额 364.8 元。货到后已验收入库，待车库工程开工后使用。

(64) 23 日，收到中国银行通知，新中贸易公司货款 16 737 美元收妥结汇，存入人民币账户 107 485.01 元，已扣除国外金融机构手续费和中国银行议付费 63 美元，当日市场汇价 1 美元＝6.424 元人民币。

(65) 23 日，签发中国银行支票一张，金额为 13 363.2 元，向上海金属材料公司购入马口铁 2 吨，增值税专用发票列明价款 11 520 元和税额 1 843.2 元。货已验收入库，收料单已填制。

要求：签发支票，号码 AT210906。

(66) 24 日，签发中国工商银行支票一张，号码 AE101182(已填制)，金额为 12 044.28 元，预付明年第一季度财产保险费 5 607.96 元和明年全年机动车辆保险费 6 436.32 元。收到保险公司保单与增值税专用发票。

(67) 27 日，开给上海保温容器公司国际贸易部增值税专用发票(号码 22085707)，货已发出。

铝壳气压保温瓶	型号 301	8 000 只	价款 280 000 元	税额 44 800 元
塑壳保温瓶(大号)	型号 203	15 800 只	价款 252 800 元	税额 40 448 元
塑壳保温瓶(中号)	型号 202	12 000 只	价款 168 000 元	税额 26 880 元

收到对方交来金额为 813 520 元的背书转让支票一张，多收的款项 592 元当即签发中国工商银行支票退回(支票号码 AE101183，已填制)，并填制进账单，将金额 813 520 元的支票送存中国工商银行。

(68) 27 日，通过中国银行采用信汇方式，偿付上月所欠东江有色金属公司 4 吨铝锭货款，共计 63 390.60 元。

要求：填制信汇凭证。

(69) 27 日，财务科以现金 52.2 元购买空白财务报表 50 套，增值税专用发票列明价款 45 元和税额 7.2 元。

(70) 27 日，签发中国工商银行支票一张，号码 AE101184(已填制)，金额为 3 410.4 元，向威力成套设备公司购入电动机(低值易耗品类)12 台，增值税专用发票列明价款 2 940 元和税额 470.4 元。货已验收入库，收料单已填制。

(71) 28 日，开给新加坡金狮贸易公司出口商业发票一张(号码 98B02002)，货已发出。将发票连同信用证及其他有关单证，提交中国银行办理结算。当日市场汇价为 1 美元＝6.427 元人民币。出口退税率为 13%。

塑壳保温瓶(小号)　型号 201　24 000 只　　单价　1.2 美元(离岸价)

(72) 28 日，签发中国工商银行支票一张，号码 AE101185(已填制)，支付广告费 57 134 元，收到美奥广告公司开出增值税专用发票。

(73) 29 日，收到中国工商银行通知，支付银行手续费 178.50 元和邮费 5 元。

(74) 29 日，根据设备管理科提供的“房屋、设备折旧及摊销计算汇总表”，计提固定资产折旧、投资性房地产摊销：

固定资产：	
制壳车间固定资产	5 311.88 元
塑料车间固定资产	11 208.76 元
装配车间固定资产	1 220.40 元
机修车间固定资产	982.00 元
行政管理部门固定资产	17 988.76 元
投资性房地产：	
出租房屋	1 430.40 元
合计	38 142.20 元

(75) 29 日，摊销非专利技术的价值 3 000 元。

(76) 29 日，摊销以前预付本月负担的下列费用(金额单位：元)：

部门或用途	财产保险费	机动车辆保险费	报刊订阅费	合　计
制壳车间	292.65 元			292.65 元
塑料车间	548.75 元			548.75 元
装配车间	74.56 元			74.56 元
机修车间	33.06 元			33.06 元
行政管理部门	689.69 元	506 元	703 元	1 898.69 元
出租投资性房地产	192.96 元			192.96 元
合　计	1 831.67 元	506 元	703 元	3 040.67 元

(77) 30日，经分管副经理审核批准，对大号瓶胆及稀释剂的盘亏损失作转销的账务处理。

(78) 30 日，签发中国工商银行支票一张，号码 AE101186(已填制)，金额为 462 000 元，购买职工健身房一套(取得产权)，收到立信股份公司开出增值税专用发票。

(79) 30 日，供销经营科因工作需要，购买电热台板三块，金额共计 264.2 元，科长吴刚持增值税普通发票报销，出纳以现金付讫。

(80) 30 日，信隆饭店开来增值税普通发票一张，要求结算本月本公司招待客户就餐费 17 166.61元，款项尚未支付。

(81) 30 日，收到光明机械设备有限公司开具增值税专用发票一张，要求结算塑料车间注塑机大修理合同余款 9 135 元，款项尚未支付。

(82) 30 日，委托中国银行签发银行汇票一张，金额为 40 000 元，银行汇票和解讫通知交采购员姚怡赴余姚采购黑铁托盘。

要求：填制银行汇票委托书。该汇票通过中国银行上海分行兑付。

(83) 30 日，签发中国工商银行支票一张，号码 AE101187(已填制)，支付大公律师事务所法律顾问咨询费 13 144 元，当天收到律师事务所开来增值税专用发票。

(84) 31 日，根据本月收料单、委托加工收料单以及“材料采购”“委托加工物资”明细账户记录，汇总本月原材料及低值易耗品的收料情况，编制原材料及低值易耗品收、发、存汇总表“本期收入”栏内容(已填制)；根据本月领料单、退料单，以及“委托加工物资”“生产成本”“制造费用”“管理费用”明细账户记录，汇总本月原材料及低值易耗品领用与结存情况。

要求：编制原材料、低值易耗品成本差异率计算表，计算各类材料本月成本差异率(差异率计算精确到 0.000 1)；

编制原材料及低值易耗品收、发、存汇总表“差异率”“本期发出”“期末结存”各栏相关内容，并完成该表的填制。

(85) 31 日，根据原材料及低值易耗品收、发、存汇总表“本期收入”栏相关内容，分类结转入库材料的计划成本及材料成本差异。

(86) 根据原材料及低值易耗品收、发、存汇总表“本期发出”栏相关内容，分类结转发出材料的计划成本，以及应分摊的材料成本差异。结转本月盘亏瓶胆及稀释剂应分摊的材料成本差异。低值易耗品中，压力表、电动机采用五五摊销法，其余均采用一次转销法。

要求：登记各车间产品成本计算表(部分产品成本计算表略)。

(87) 31 日，根据“工资结算汇总表”“社会保险费、公积金及有关经费计算表”“信恒保温瓶有限公司职工费用报销单”(No. 0005526)“信恒保温瓶有限公司职工生活困难补助申请单”(编号 2073)等支付职工薪酬的原始资料，对应付职工薪酬进行汇总，并根据所提供产品工时资料，将应付各生产车间工人的薪酬在有关产品之间进行分配。

要求：填制应付职工薪酬汇总分配计算表，产品工时资料见业务(89)；

登记各车间产品成本计算表(部分产品成本计算表略)。

(88) 31 日，按修理及安装工时(小时)分配结转本月机修车间发生的生产费用，其中：制壳车间 322 工时，塑料车间 964 修理工时，装配车间 145 修理工时，行政管理部门 468 修理工时，建造仓库工程 446 安装工时。本月机修车间仅为各基本生产车间、行政部门的固定资产与在建工程提供日常修理或安装劳务。

要求：编制辅助生产成本分配表。

(89) 31 日，按产品定额工时分配结转制壳、塑料、装配各车间的制造费用。各车间产品定额工时(小时)资料如下：

制壳车间：	铝壳	6 076 工时	铁壳	1 818 工时
塑料车间：	塑壳	2 412 工时	塑配件	2 613 工时
	气压塑配件	7 000 工时		
装配车间：	塑壳保温瓶（大号）	1 100 工时	铝壳气压保温瓶	4 260 工时
	塑壳保温瓶（中号）	1 000 工时	铁壳保温瓶	864 工时
	塑壳保温瓶（小号）	1 200 工时		

要求：编制各车间制造费用分配表；

登记各车间产品成本计算表（部分产品成本计算表略）。

(90) 31 日，计算并结转本月制壳、塑料车间自制半成品的成本。① 制壳车间月末在产品按定额成本计价(见铝壳、铁壳月末在产品定额成本计算表)。本月完工铝壳 27 500 只，铁壳 9 000只。② 塑料车间月末在产品加工程度已达 100%，尚未验收。塑壳、塑配件类内成本的划分：“原材料”项目按标准产量比例分配，大、中、小号系数分别为 1.16、1、0.84；其他成本项目按产量比例分配。气压式塑配件各成本项目均按产量比例分配。

本月有关产量资料如下：

塑壳	完工半成品(只)	月末在产品(只)
大号	24 950	1 350
中号	23 910	2 090
小号	17 900	1 800
塑配件	**完工半成品(套)**	**月末在产品(套)**
大号	23 900	1 115
中号	22 920	1 300
小号	19 875	890
气压式	29 000	11 000

要求：编制完成制壳、塑料车间有关产品成本计算表(部分产品成本计算表已登记)；

填制自制半成品发出成本计算表(部分自制半成品发出成本计算表略)。

(91) 31 日，采用全月一次加权平均法，计算并结转领用自制半成品的成本，本月自制半成品的领用数量如下：

铝壳	29 800 只	铁壳	9 700 只
塑壳(大号)	21 980 只	塑配件(大号)	21 980 套
塑壳(中号)	19 980 只	塑配件(中号)	20 000 套
塑壳(小号)	23 970 只	塑配件(小号)	23 980 套
气压塑配件	29 850 套		

要求：登记装配车间产品成本计算表(部分产品成本计算表略)；

填制自制半成品发出成本计算表(部分自制半成品发出成本计算表已填制)。

(92) 31 日，计算并结转本月装配车间完工产成品的成本，装配车间月末在产品按定额成本计价，而且只计材料费不计工费(见各产品月末在产品定额成本计算表)。

本月完工产成品的数量如下：

铝壳气压保温瓶	29 650 只
铁壳保温瓶	9 600 只
塑壳保温瓶(大)	21 996 只
塑壳保温瓶(中)	19 998 只
塑壳保温瓶(小)	24 000 只

要求：编制完成装配车间产品成本计算表(部分产品成本计算表已登记)；

填制产成品收、发、存月报表。

(93) 31 日，采用全月一次加权平均法，结转各产品销售成本(包括对外捐赠的 60 只铝壳气压保温瓶成本)。

要求：填制完成产成品收、发、存月报表。

(94) 31 日，计算本月出口产品实际退税金额与抵减内销产品应纳税额金额，确认当期出口退税。填制增值税纳税申报表(纳税人登记号：310225511415054；计算过程精确到 0.001，合计数精确到 0.01)。填制过程略。

(95) 31 日，将预收泰山证券公司本月房租 60 000 元转为本月租金收入。

(96) 31 日，分别按销售产品、出租房屋应交增值税(销项税额减进项税额)的 7%计征城市维护建设税、3%计征教育费附加，其他各项附加费略。

要求：编制税金及附加计算表。

(97) 31 日，计算并结转本月应交房产税、城镇土地使用税。

本月应计房产税：

自用房屋：房产账面原值×(1－扣除率 20%)×年税率 1.2%÷12

该公司自己用房账面原值为 2 383 500 元

出租房屋：月租金收入×税率 12%

本月应计城镇土地使用税：年税额 5 元/平方米×3 600 平方米÷12

(98) 31 日，按年末市场汇价 1 美元＝6.43 元人民币，调整外币账户(“应收账款——金狮公司”“应收账款——新中公司”)余额。

(99) 31 日，因湖州日用百货公司财务状况出现严重问题，应收其 661 200 元货款发生减值，估计 2 年后能收回 387 160 元，其现值为 368 538 元。其余应收账款和其他应收款根据账龄情况估计坏账损失(单位：元)：

应收款项账龄	应收账款余　额	其他应收款余额	合　计	计提比例	坏账准备	
					应收账款	其他应收款
半年以内(含半年)	505 782.00	1 680.00	507 462.00	2%	10 115.64	33.60
半年至1年以内(含1年)	525 610.00	800.00	526 410.00	5%	26 280.50	40.00
1年至2年以内(含2年)	234 872.00	0	234 872.00	20%	46 974.40	0
2年至3年以内(含3年)	0	0	0	60%	0	0
3年以上	0	0	0	100%	0	0
合　计	1 266 264.00	2 480.00	1 268 744.00	—	83 370.54	73.60

因应收票据的收款期较短，以及预付账款实质上是待摊销的预付费用，坏账损失估计均为零。

要求：根据以上分析结果调整坏账准备余额。为简化，假定该公司于每年年末计提坏账准备。

(100) 31日，查明一台注塑设备工艺技术较落后，其预计可收回金额低于账面价值62 300元。

要求：计提固定资产减值准备。

(101) 采用收益法将彩虹塑料厂的股权投资未来预期收益转换成现值，确定该项投资2018年年末的公允价值为604 020元。

(102) 31日，收到被投资单位报送的本年度利润表及其股东会关于利润分配的决议，有关资料如下：

被投资单位名称	本公司出资比例	本年净利润	宣告分配现金股利	其他综合收益变动
信谊百货公司	45%	697 038.10元	200 000元	—
高庄铝制品厂	30%	−66 000元	—	−10 000元*

取得投资时，信谊百货公司一项剩余折旧年限为32年的商场用房公允价值高于其账面价值768 000元，信谊百货公司对其采用的折旧方法和净残值率都与税法规定保持一致；除此之外，信谊百货公司其他各项可辨认资产和高庄铝制品厂各项可辨认资产的公允价值均与其账面价值相等。本公司对这两项长期股权投资均采用权益法进行核算，并按年确认投资收益，进行相关的账务处理。

*高庄铝制品厂本年其他综合收益减少10 000元，系持有的以公允价值计量且其变动计入其他综合收益的非交易性的权益工具投资所发生的公允价值变动损失(已扣除递延所得税影响)。

(103) 31日，作为交易性金融资产的股票(明星电力)，其年末收盘总价值为1 676 565.00元。

(104) 31日，对本月利润总额进行纳税调整，并按25%的税率计算本月应交所得税额，确认递延所得税资产或负债的增减变动，确认本月的所得税费用。

关于1～11月份公允价值变动损益的纳税调整。1～11月公司交易性金融资产公允价值的累计变动收益为176 700.00元，因此已经调减1～11月当期应纳税所得额176 700.00元，调减应交所得税44 175.00元，确认递延所得税负债44 175.00元。

公司1～11月份累计职工薪酬2 752 728.70元，累计销售收入为20 254 572.80元；累计业务招待费为91 737.04元。公司有关职工薪酬与业务招待费的纳税调整均在12月份全年一并进行。

除此之外，1～11月份无其他应纳税调整事项。公司估计未来能取得足够的应纳税所得额以利用可抵扣暂时性差异。

公司的企业所得税年度纳税申报表中列示，1～11月累计已交所得税额275 133.29元。

(105) 31日，将损益类各账户余额结转"本年利润"账户。

(106) 31日，根据股东会决议，分别按全年税后利润的10%提取法定盈余公积，10%提取任意盈余公积，并按出资比例向投资方分配股利500 000元。现金股利尚未发放。

(107) 31日，将"本年利润"账户和"利润分配"其余各明细账户的余额，转入"利润分配——未分配利润"账户。

七、记录及证明经济业务发生的原始凭证

（包括已填制完成的原始凭证和需要填制的空白凭证等，均按经济业务顺序排列）

记录及证明经济业务发生的原始凭证包括增值税专用发票、出口商业发票、收料单、领料单、退料单、固定资产折旧计算汇总表、固定资产竣工验收单、财产物资盘盈盘亏报告单、财产保险单及保费结算凭证、工资结算汇总表、证券成交过户交割单、银行转账结算凭证、外汇兑换证明、税金缴款书、代扣代缴流转税证明单、银行计收（付）利息清单等外来或自制原始凭证。*

经济业务（1）

中国工商银行上海市分行

支票号码：AE101166

出票日期　　年　　月　　日

收 款 人：

金　　额：

用　　途：

中国工商银行上海市分行支票　支票号码：AE101166

出票日期（大写）：　年　　月　　日　开户行名称：

收款人：　出票人账号：

	千	百	十	万	千	百	十	元	角	分
人民币 （大写）										

用途__________　复核

上列款项请从　记账

我账户内支付　验印

出票人签章

---

*　在实际业务中，会计人员在审核原始凭证时，须注意：各种发票联是否已加盖当地税务局监制的“全国统一发票监制章”；各种收费收据是否已加盖当地财政局监制的“收费收据监制章”；各种税收缴款书是否已加盖国家税务总局监制的“税收专用章”。以上印章在本模拟实习中从略。

经济业务(2)

信恒保温瓶有限公司职工费用报销单

No. 0005526

2018 年 12 月 1 日

请详细写明报销内容

姓名	摘要	膳用金额	车费金额	其他费用金额
刘海	11 月份幼托费			60 00
汪华	11 月份幼托费			60 00
	现金付讫			
合计(大写)壹佰贰拾零元零角零分	合计	¥120.00		120 00

第一联 记账联

车间部门 塑料车间　审核 张庆　制单 刘海　收款 刘海

上海增值税普通发票

No. 21618619

3108217516

3108217516
21618619

发票联（全国统一发票监制章 上海 国家税务总局监制）

校验码 75123 61234 01102 37456

开票日期：2018 年 11 月 16 日

购买方	名称：信恒保温瓶有限公司 纳税人识别号：310225511415054 地址、电话：上海市余兴路 667 号　62567890 开户行及账号：工行静安支行　267－03012345	密码区	41+<1613+33−37∗−<>60 53∗3661−06∗>/60552∗/< 0024∗−<>079/3/26−+9 <−13>5/∗923∗6−3>1351>

货物或应税劳务、服务名称	规格型号	单位	数量	单价	金额	税率	税额
保教费	11 月份		1	1 400.00	1 400.00	免税	***
合计					¥1 400.00		***
价税合计(大写)	⊗ 壹仟肆佰圆整				(小写)¥1 400.00		

销售方	名称：上海市黄浦区长乐幼儿园 纳税人识别号：310405111026751 地址、电话：舟山北路　230 号　51380380 开户行及账号：工行舟山路分理处　267－88036101	备注	上海市黄埔区长乐幼儿园 310405111026751 发票专用章

收款人：李文丽　复核：　开票人：孙霞　销售方：(章)

第三联：发票联　购买方记账凭证

上海增值税普通发票

3106811575　　发票联　　No. 10230795

3106811575
10230795

校验码 70985 23250 14161 00111　　开票日期：2018 年 11 月 18 日

购买方	名　　称：信恒保温瓶有限公司 纳税人识别号：310225511415054 地 址、电 话：上海市余兴路 677 号　62567890 开户行及账号：工行静安支行　267 - 03012345	密码区	91+<1613+33-13-37*-<> 73*3661-06*>31/60552*/ 002477-<>079/3/26-+ 6-13>5/*923*6-3>135171

货物或应税劳务、服务名称	规格型号	单　位	数　量	单　价	金　额	税　率	税　额
保教费	11 月份		1	1 400.00	1 400.00	免税	***
合　计					¥1 400.00		***
价税合计(大写)	⊗ 壹仟肆佰圆整				(小写)¥1 400.00		

销售方	名　　称：上海市静安区江宁幼儿园 纳税人识别号：310567000913750 地 址、电 话：江宁北路 750 号　61010622 开户行及账号：建行江宁路分理处　549 - 30169254	备注	

收款人：陈　红　　复核：　　开票人：卢小红　　销售方：(章)

第三联：发票联　购买方记账凭证

（印章：上海市静安区江宁幼儿园 310567000913750 发票专用章）

经济业务(3)

上海增值税专用发票

3100261865　　此联不作报销、扣税凭证使用　　No. 22085702

3100261865
22085702

校验码 61234 05189 34000 70156　　开票日期：2018 年 12 月 1 日

购买方	名　　称：信谊百货公司 纳税人识别号：310105207113040 地 址、电 话：上海市花园路 1307 号　62510039 开户行及账号：工行黄浦支行　261 - 03193201	密码区	>>347-30<41>891380-6>52 801067-460*1<0/8/-<91<4 2-2+4->0>1*24645452>1/6 7/2-5308*</2-31786->-98

货物或应税劳务、服务名称	规格型号	单　位	数　量	单　价	金　额	税　率	税　额
铝壳气压保温瓶	301	只	13 200	35.00	462 000.00	16%	73 920.00
铁壳保温瓶	101	只	5 400	20.00	108 000.00	16%	17 280.00
合　计					¥570 000.00		¥91 200.00
价税合计(大写)	⊗ 陆拾陆万壹仟贰佰圆整				(小写)¥661 200.00		

销售方	名　　称：信恒保温瓶有限公司 纳税人识别号：310225511415054 地 址、电 话：上海市余兴路 677 号　62567890 开户行及账号：工行静安支行　267 - 03012345	备注	

收款人：　　复核：　　开票人：王开复　　销售方：(章)

第一联：记账联　销售方记账凭证

（印章：信恒保温瓶有限公司 310225511415054 发票专用章）

经济业务(4)

上海增值税专用发票

（监制章：全国统一发票监制章 上海 国家税务总局监制）发票联

3100011156　　No. 01039763

3100011156
01039763

校验码 61970 15269 34511 02679　　开票日期：2018年12月1日

购买方	名　　称：信恒保温瓶有限公司 纳税人识别号：310225511415054 地 址、电 话：上海市余兴路667号　62567890 开户行及账号：工行静安支行　267－03012345	密码区	50<<1122+29−18614＊−<>70 ＊3780−12＊>12/345098＊＊/ 6102864＊−<>098//12−710 8912>0//7024−5>>102864＊

货物或应税劳务、服务名称	规格型号	单位	数量	单价	金额	税率	税额
加工费		吨	6	6 106.89	36 641.34	16%	5 862.61
合　计					¥36 641.34		¥5 862.61
价税合计(大写)	⊗ 肆万贰仟伍佰零叁圆玖角伍分				(小写)¥42 503.95		

销售方	名　　称：上海铝材厂 纳税人识别号：310117059238415 地 址、电 话：上海市圆明园路53号　62117827 开户行及账号：农行上海分行　317－18907168	备注	（印章：上海铝材厂 310117059238415 发票专用章）

收款人：王历名　　复核：　　开票人：顾文兵　　销售方：(章)

第三联：发票联　购买方记账凭证

中国工商银行上海市分行

支票号码：AE*101167*

出票日期　　年　　月　　日

收 款 人：

金　　额：

用　　途：

中国工商银行上海市分行支票　支票号码：AE*101167*

出票日期(大写)：　　年　　月　　日　开户行名称：

收款人：　　出票人账号：

人民币(大写)	千	百	十	万	千	百	十	元	角	分

用途__________　　复核

上列款项请从　　记账

我账户内支付　　验印

出票人签章

委托加工收料单

No. 0812173

加工单位：________

加工合同：________　　　年　　月　　日　　　收料仓库：________

材料类别	名称及规格	计量单位	实收数量	实际成本	计划成本		差　异
					单价	金额	

质量检验：　　　　仓库验收：　　　　仓库保管：

记账联

经济业务(5)

固定资产竣工验收单

No. 000147

固定资产名称	冲床	验收日期	2018 年 12 月 1 日	使用或保管部门	制壳车间
型号规格	J21－40	始建日期	2018 年 10 月 25 日	建造单位或部门	机修车间
固定资产编号	T836－04	竣工日期	2018 年 11 月 29 日	工程成本	26 500 元
主要技术参数： 公秤压力：　40　吨 滑块行程：　80　毫米 行程次数：　80　次/每分钟 最大闭合高度：　330　毫米 连杆调节长度：　70　毫米 工作台尺寸：　460×700平方毫米 电动机功率：　5.5　千瓦		验收意见： 功能达到要求，验收通过。			

第二联　记账联

设备科主管：郭伟强　　　交验部门及主管　机修车间　张　丽　　　设备科验收：汪江洋

经济业务(6)

付款期
壹个月

中国工商银行

本票 1

ⅢX 013694
第 号

签发日期(大写)贰零壹捌年拾贰月零壹日

此联签发行结清本票时作付出传票

收款人:东海无线电厂			
凭票即付	人民币(大写)贰万伍仟元整		
转账	现金	中国工商银行上海市分行 静安支行业务章 2018.12.1.	科目(付) 对方科目(收) 兑付日期 年 月 日 出纳 复核 经办
✓			
签发银行盖章			

中国工商银行本票申请书(存根) ① No. 34615362

申请日期 年 月 日

申请人				收款人											
账号或住址				账号或住址											
兑付地点	省 市县	兑付行		汇款用途											
汇款金额	人民币(大写)				千	百	十	万	千	百	十	元	角	分	

此联由申请人留存作记账凭证

备注:

科目
对方科目

财务主管: 复核: 经办:

经济业务(7)

上海增值税专用发票

3100134140　　发票联　　No. 25127167

3100134140
25127167

校验码 64321 30003 57981 22678　　开票日期：2018 年 12 月 2 日

购买方	名　　称：信恒保温瓶有限公司 纳税人识别号：310225511415054 地 址、电 话：上海市余兴路677号　62567890 开户行及账号：工行静安支行　267-03012345	密码区	11+<1142+11-22-12*-<>80 11*3871-10*>11/54803*/< 102468*-<>089/6/23-+7 3-12>1/*534*3-1>121016>

货物或应税劳务、服务名称	规格型号	单位	数量	单价	金额	税率	税额
[1-1]人民日报	2019/1~6	份	1	144.00	144.00	免税	***
[1-30]国际商报	2019/1~6	份	1	240.00	240.00	免税	***
[4-835]新会计	2019/1~6	份	2	48.00	96.00	免税	***
[3-3]文汇报	2019/1~6	份	7	180.00	1 260.00	免税	***
[3-31]组织人事报	2019/1~6	份	1	78.00	78.00	免税	***
[6-100]企业管理	2019/1~6	份	3	120.00	360.00	免税	***
[3-1]解放日报	2019/1~6	份	10	216.00	2 160.00	免税	***
合　计					¥4 338.00		***
价税合计(大写)	⊗ 肆仟叁佰叁拾捌圆整				(小写)¥4 338.00		

销售方	名　　称：上海市愚园路邮电支局 纳税人识别号：310012310011237 地 址、电 话：上海市愚园路2196号　64137175 开户行及账号：工行上海分行长宁支行　271-13962501	备注	上海市愚园路邮电支局 310012310011237 发票专用章

收款人：闵芳　　复核：　　开票人：刘敏敏　　销售方：(章)

第三联：发票联　购买方记账凭证

报刊费收据第 064379 号
之附件第 1 页共 1 页

报 刊 订 阅 清 单

报纸

(自㊣费)

订阅单位 信恒保温瓶有限公司

地　址 上海余兴路 677 号

订阅单位经手人：胡　钢　　电话：62567890　　2018 年 12 月 2 日

分号	代 号	报刊名称	起止订期	份数	月/季价	合计款项	备 注
1	1—1	人民日报	2019/1～6	1		144.00	
2	1—30	国际商报	2019/1～6	1		240.00	
3	3—1	解放日报	2019/1～6	10		2 160.00	
4	3—3	文汇报	2019/1～6	7		1 260.00	
5	3—31	组织人事报	2019/1～6	1		78.00	
6	6—100	企业管理	2019/1～6	3		360.00	
7	4—835	新会计	2019/1～6	2		96.00	
8							
9							
0							
1							
2							
3							
4							
5							
6							
7							
8							
9							
0							
共　计(本页合计)7 种 25 份				金　额 4 338.00 元			

附注：1. 报纸、杂志分单填写各一式二份。

2. 本单不作收款凭证，收款以报刊费收据为凭。

邮政局复核 刘敏敏

2018 年 12 月 2 日

中国工商银行上海市分行

支票号码：AE101168

出票日期　　年　月　日

收款人：

金　额：

用　途：

中国工商银行上海市分行支票

支票号码：AE101168

出票日期(大写)：　年　月　日　开户行名称：

收款人：　出票人账号：

人民币(大写)	千	百	十	万	千	百	十	元	角	分

用途＿＿＿＿＿

上列款项请从

我账户内支付

出票人签章

复核

记账

验印

经济业务(8)

上海增值税专用发票

3106101901　　No. 25012617

发票联

3106101901

25012617

校验码 70123 40175 21212 00915　　开票日期：2018年12月2日

购买方	名　　称：信恒保温瓶有限公司 纳税人识别号：310225511415054 地 址、电 话：上海市余兴路667号　62567890 开户行及账号：工行静安支行　267－03012345	密码区	10+<1142+22-18-14*-<>70 11*3780-12*>12/34508*/< 102864*-<>098/5/12-+8 3-12>0/*702*4-5>102161>

货物或应税劳务、服务名称	规格型号	单位	数量	单价	金额	税率	税额
不锈钢吸水管	RH－ϕ10 mm	支	35 000	0.60	21 000.00	16%	3 360.00
合计					¥21 000.00		¥3 360.00

价税合计(大写)	⊗贰万肆仟叁佰陆拾圆整	(小写)¥24 360.00

销售方	名　　称：东海无线电厂 纳税人识别号：310108113031471 地 址、电 话：上海市宛平西路1781号　36738134 开户行及账号：工行徐汇支行华分处　296－04301207	备注	东海无线电厂 310108113031471 发票专用章

收款人：　复核：　开票人：姚　刚　销售方：(章)

第三联：发票联　购买方记账凭证

收　料　单　　No. 2097238

供货单位：________

发票号码：________　　年　月　日　　收货仓库：________

材料类别	名称及规格	计量单位	数量		实际成本		计划成本		差异
			应收	实收	单价	金额	单价	金额	

质量检验：　　收料：　　制单：

记账联

经济业务(9)

中国工商银行上海市分行支票　　支票号码：AD109074

出票日期(大写)：贰零壹捌年拾贰月零壹日　　开户行名称：工行徐汇支行华分处

收款人：信恒保温瓶有限公司　　出票人账号：296－84600084

人民币(大写)	千	百	十	万	千	百	十	元	角	分
壹拾玖万捌仟元整		¥	1	9	8	0	0	0	0	0

用途　房屋租金

上列款项请从我账户内支付

出票人签章

泰山证券公司财务专用章

赵文光印

复核

记账

验印

中国工商银行上海市(　　)进账单(回单) ①

科目：　　　　　　年　　月　　日　　对方科目：

款项来源		收款人	全称	
款项种类	票据(分页填写)		账号	

此联由银行盖章后退回单位

人民币：(大写)

千	百	十	万	千	百	十	元	角	分

托收票据目录第1页 共 页		票据种类	金额						
付款单位账号	凭证号码		十	万	千	百	十	元	角分

(收款银行盖章)

注意：(1)解入票据须俟收妥后方可用款 (2)本联于款项收妥后代收账通知

上海增值税专用发票

3100261865　　No. 22085703

此联不作报销、扣税凭证使用

3100261865
22085703

校验码 52013 97989 21305 64123　　开票日期：2018年12月2日

购买方	名　　称：泰山证券公司 纳税人识别号：310106513437195 地 址、电 话：上海市华山北路275号　51013782 开户行及账号：工行徐汇支行华分处 296－84600084	密码区	11+<1334+10－27－13∗－<>84 11∗3877－11∗>10/55037∗/< 102213∗－<>087/7/21－+4 3－11>3/∗443∗4－1>110307>

货物或应税劳务、服务名称	规格型号	单位	数量	单价	金额	税率	税额
房屋租金	2019/1～3		1	180 000.00	180 000.00	10%	18 000.00
合计					¥180 000.00		¥18 000.00
价税合计(大写)	⊗壹拾玖万捌仟圆整				(小写)¥198 000.00		

销售方	名　　称：信恒保温瓶有限公司 纳税人识别号：310225511415054 地 址、电 话：上海市余兴路677号　62567890 开户行及账号：工行静安支行　267－03012345	备注	信恒保温瓶有限公司 310225511415054 发票专用章

收款人：柳　叶　　复核：　　开票人：盛中华　　销售方：(章)

第一联：记账联　销售方记账凭证

经济业务(10)

中国工商银行上海市分行支票

支票号码:AB384017

出票日期(大写):贰零壹捌年拾贰月零叁日　　开户行名称:工行徐汇支行华分处

收款人:信恒保温瓶有限公司　　出票人账号:296-04301207

人民币(大写)	千	百	十	万	千	百	十	元	角	分
陆佰肆拾元整					¥	6	4	0	0	0

用途付清本票结算余额

上列款项请从

我账户内支付

出票人签章

东海无线电厂财务专用章

华谭印振

复核

记账

验印

中国工商银行上海市(　　)进账单(回单)　①

科目:　　年　月　日　对方科目:

款项来源		收款人 全称	
款项种类	票据(分页填写)	收款人 账号	

人民币:(大写)	千	百	十	万	千	百	十	元	角	分

托收票据目录第1页　共　页		票据种类	金额							
付款单位账号	凭证号码		十	万	千	百	十	元	角	分

(收款银行盖章)

此联由银行盖章后退回单位

注意:(1)解入票据须俟收妥后方可用款(2)本联于款项收妥后代收账通知

经济业务(11)

上海增值税专用发票

No. 01009827

3100144067

发票联

3100144067
01009827

校验码 73014 60223 71415 03067

开票日期：2018 年 12 月 3 日

购买方	名　　称：信恒保温瓶有限公司 纳税人识别号：310225511415054 地 址、电 话：上海市余兴路 677 号　62567890 开户行及账号：工行静安支行　267－03012345	密码区	23+<2134+08-23-15-<>81 13*6233-09*>13/35483*/< 103664*-<>083/3/27-+3 1-28>3/*655*3-2>131111>

货物或应税劳务、服务名称	规格型号	单 位	数 量	单 价	金 额	税 率	税 额
百货专场 A 级摊位费			1	3 000.00	3 000.00	6%	180.00
合 计					￥3 000.00		￥180.00
价税合计(大写)	⊗ 叁仟壹佰捌拾圆整				(小写)￥3 180.00		

销售方	名　　称：上海商品交易会 纳税人识别号：310139157012403 地 址、电 话：上海市漕宝南路 2198 号　88176512 开户行及账号：工行上海分行徐汇支行　259－61069876	备注	上海商品交易会 310139157012403 发票专用章

收款人：吴少华　　复核：　　开票人：沙维兴　　销售方：(章)

第三联：发票联　购买方记账凭证

中国工商银行上海市分行

支票号码：AE*101169*

出票日期　　年　　月　　日

收 款 人：

金　　额：

用　　途：

中国工商银行上海市分行支票

支票号码：AE*101169*

出票日期(大写)：　年　　月　　日　　开户行名称：

收款人：　　出票人账号：

人民币 (大写)	千	百	十	万	千	百	十	元	角	分

用途____________　　复核

上列款项请从　　记账

我账户内支付　　验印

出票人签章

上海信恒保温瓶有限公司
SHANGHAI XINHENG THERMOS LIMITED COMPANY

上海市(1) 地方税务局监制

余兴路677号
677 YU XING ROAD
上海　　中国
Shanghai, China

发票代码
Invoice Code 231000075123

新中贸易公司	电传：86-21-64390011	电话：62567890	发票号码
XIN ZHONG TRAPING COMPANY	FAX：86-21-64390011	TEL：62567890	Invoice Number 98B02001
希尔顿路516号			订单或合约号码
516 HILTON ROAD			Sales Confirmation No. AE－016
新加坡			发票日期
SINGAPORE			Date of Invoice DEC. 3. 2018

发　　票
INVOICE

装船口岸 From　上海 SHANGHAI　　目的地 To　新加坡 SINGAPORE

信用证号数 Letter of Credit No.　LD0058－20864　　开证银行 Issued by　新加坡雅克信用储蓄有限公司 YAKAOL TRUST AND BANKING CO., LTD. SINGAPORE

唛头号码 Marks & Numbers	数量与货品名称 Quantities and Description	总　值 Amount
		FOB SHANGHAI
 No. 36—5	铝壳气压保温瓶： ALUMINIUM—CASED　AIR—PRESSURE THERMOS BOTTLE 3 000只　单价4.40美元/只 3 000PCS.　USD 4.40/PC	USD 16 800.00
	塑壳保温瓶(小号)： PLASTICS－CASED THERMOS BOTTLE(S)： 3 000只　单价1.20美元/只 3 000PCS.　USD 1.20/PC 6 000只保温瓶装在“中华”号船上 6 000　PCS. OF ZHONGHUA BOAT 6 000只保温瓶装入75只纸板箱 6 000　PCS.　IN 75 CARTON CASES	

上海信恒保温瓶有限公司 发票专用章 310225511415054

上海信恒保温瓶有限公司
SHANGHAI XINHENG THERMOS LIMITED COMPANY

经济业务(13)

上海增值税专用发票

3100211510　　发票联　　No. 06613617

3100211510
06613617

校验码 51204 71349 80135 60156　　开票日期：2018年12月1日

购买方	名　　称：信恒保温瓶有限公司 纳税人识别号：310225511415054 地 址、电 话：上海市余兴路677号　62567890 开户行及账号：工行静安支行　267-03012345	密码区	31+<1613+33-13-37*-<>60 13×3661-06*>31/60552*/< 102477*-<>079/3/26-+9 3-13>5/*923*6-3>135171>

货物或应税劳务、服务名称	规格型号	单位	数量	单价	金额	税率	税额
学杂费			1	350.00	350.00	6%	21.00
合计					¥350.00		¥21.00
价税合计(大写)	⊗ 叁佰柒拾壹圆整				(小写)¥371.00		

销售方	名　　称：新华财会学校 纳税人识别号：310123111026750 地 址、电 话：中山北路2230号　64380380 开户行及账号：建行昆山路分理处　549-78036125	备注	新华财会学校 310567000913750 发票专用章

收款人：邢　燕　　复核：　　开票人：于芝兰　　销售方：(章)

第三联：发票联　购买方记账凭证

信恒保温瓶有限公司费用报销单

No. 0005527

2018年12月3日

姓名	摘要	膳用金额	车费金额	其他费用金额
林　玲	参加业务培训学费			371 00
		现金付讫		
合计(大写)叁佰柒拾壹元零角零分	合　计	¥371.00		¥371 00

请详细写明报销内容

第一联　记账联

车间部门 财务科　审核 朱茜　制单 林玲　收款 林玲

经济业务(14)

中国工商银行托收承付凭证(承付/支款 通知) 5

第 号

托收号码:

委托日期:2018年12月2日

承付期限
到期2018年12月13日

付款人	全称	信恒保温瓶有限公司	收款人	全称	东江有色金属公司
	账号或地址	267－03012345		账号	2103140981
	开户银行	工行静安支行		开户银行	常州城市合作银行第三支行 行号
托收金额	人民币(大写):	壹拾贰万伍仟陆佰玖拾柒元陆角整		千百十万千百十元角分	¥12569760
附件		商品发运情况		合同名称号码	
附寄单证张数或册数	1			发票# 0091605	

备注:

付款人注意:
1. 根据结算办法规定,上列托收款项,在承付期限内未拒付时,即视同全部承付,如系全额支付即以此联代支款通知;如遇延付或部分支付时,再由银行另送延付或部分支付的支款通知。
2. 如需提前承付或多承付时,应另写书面通知送银行办理。
3. 如系全部或部分拒付,应在承付期限内另填拒绝承付理由书送银行办理。

单位主管　　会计　　复核　　记账　　付款人开户银行盖章　　月　　日

中国工商银行上海市分行静安支行
业务章 2018.12.2

此联是付款人开户银行通知付款人按期承付货款的承付(支款)通知

江苏省增值税专用发票

No. 10082129

3200761169

发票联

3200761169
10082129

校验码 41107 52098 11563 27291

开票日期:2018年12月1日

购买方	名称:信恒保温瓶有限公司 纳税人识别号:310225511415054 地址、电话:上海市余兴路667号 62567890 开户行及账号:工行静安支行 267－03012345	密码区	61＊3780－12＊>12/34508＊/< 2402964＊－<>018/5/16－＋5 3－12>0/＊7－2＊4－>>102161@ 17＋<11－2＋22－18－14＊－<>81

货物或应税劳务、服务名称	规格型号	单位	数量	单价	金额	税率	税额
铝锭	ADC08	吨	8	13 545.00	108 360.00	16%	17 337.60
合计					¥108 360.00		¥17 337.60
价税合计(大写)	⊗壹拾贰万伍仟陆佰玖拾柒圆陆角整				(小写)¥125 697.60		

销售方	名称:东江有色金属公司 纳税人识别号:320113589073204 地址、电话:常州市上水路471号 0519－57152331 开户行及账号:常州城市合作银行第三支行 2103140981	备注	东江有色金属公司 320113589073204 发票专用章

收款人:　　复核:　　开票人:周依然　　销售方:(章)

第三联:发票联 购买方记账凭证

经济业务(15)

收 料 单

No. 2097239

供货单位：________

发票号码：________　　年　　月　　日　　收货仓库：________

材料类别	名称及规格	计量单位	数量		实际成本		计划成本		差异
			应收	实收	单价	金额	单价	金额	

记账联

质量检验：　　收料：　　制单：

经济业务(16)

信恒保温瓶有限公司暂支单

2018 年 12 月 6 日　　编号 0146

受 款 人	姚怡		
暂支事由	预支赴余姚采购差旅费		现金付讫
暂支金额	人民币肆佰元整 ￥400.00		
预计归还日期	2018 年 12 月 10 日	科目	其他应收款

财会主管　记账　出纳 常江　部门主管 沈芝灵　制单 姚怡　受款人签收 姚怡

经济业务(17)

信谊保温瓶有限公司职工生活困难补助申请单

编号 2073

<table>
<tr><td>部门</td><td>材料仓库</td><td>姓名</td><td>刘水根</td><td>本人工资收入</td><td>2 800.00</td><td>家庭其他人员收入</td><td colspan="2">1 000.00</td></tr>
<tr><td rowspan="3">补助原因</td><td colspan="5" rowspan="3">妻子病后休养在家,收入减少,而医药费、营养费等支出增加,造成家庭生活一时困难。
现金付讫</td><td rowspan="2">补助性质</td><td>定期</td><td>临时补助</td></tr>
<tr><td></td><td>√</td></tr>
<tr><td>申请金额</td><td colspan="2">人民币叁佰元整</td></tr>
<tr><td>部门意见</td><td colspan="3">建议临时补助叁佰元整。
冯玉珍
2018 年 12 月 6 日</td><td>厂工会意见</td><td>同意。
李丽芳
2018 年 12 月 7 日</td><td>代收据</td><td colspan="2">今收到
困难补助费
人民币叁佰元整
领款人(签字)刘水根
2018 年 12 月 7 日</td></tr>
</table>

经济业务(18)

中国工商银行上海市分行支票

支票号码:AB870390

出票日期(大写):贰零壹捌年拾贰月零柒日　开户行名称:工行徐汇支行肇分处

收款人:信恒保温瓶有限公司　出票人账号:245－34521080

人民币(大写)	千	百	十	万	千	百	十	元	角	分
捌万元整			¥	8	0	0	0	0	0	0

用途偿还货款

上列款项请从我账户内支付

出票人签章

上海东方百货公司财务专用章　　韩志高印

复核　记账　验印

被背书人	被背书人	被背书人
背书日期： 年　月　日	背书日期： 年　月　日	背书日期： 年　月　日

本支票付款期十天，可以流通转让。

中国人民银行上海市分行监制督印

经济业务(19)

上海增值税专用发票

3100116153　　No. 01603815

（全国统一发票监制章：上海 国家税务总局监制）发票联

3100116153
01603815

校验码 67155 03450 11989 75327　　开票日期：2018 年 12 月 7 日

购买方	名称：信恒保温瓶有限公司 纳税人识别号：310225511415054 地址、电话：上海市余兴路667号　62567890 开户行及账号：工行静安支行　267－03012345	密码区	2－30<41>891380－6>520/5*－ 567－4602－2*1<0/8/－<<49 645452>1/62－2+4－>0>1*2 318*</2－786－>－987/2－53

货物或应税劳务、服务名称	规格型号	单位	数量	单价	金额	税率	税额
纸盒	350×140×140	只	35 000	1.46	51 100.00	16%	8 176.00
纸箱	352×560×420	只	4 000	5.90	23 600.00	16%	3 776.00
合计					￥74 700.00		￥11 952.00
价税合计(大写)	⊗捌万陆仟陆佰伍拾贰圆整				(小写)￥86 652.00		

销售方	名称：上海宏达纸品厂 纳税人识别号：310106200721762 地址、电话：上海市顺昌南路361号　63013003 开户行及账号：工行卢湾支行淮分处　260－08397101	备注	（印章：上海宏达纸品厂 310106200721762 发票专用章）

收款人：闵慧芬　　复核：　　开票人：沈皓明　　销售方：(章)

第三联：发票联　购买方记账凭证

中国工商银行上海市分行

支票号码：AE101170

出票日期　2018 年 12 月 7 日

收款人：上海宏达纸品厂

金　额：￥6 652.00

用　途：补付货款差额

中国工商银行上海市分行支票

支票号码：AE101170

出票日期(大写)：贰零壹捌年拾贰月零柒日　　开户行名称：工行静安支行

收款人：上海宏达纸品厂　　出票人账号：267－03012345

人民币(大写)	千	百	十	万	千	百	十	元	角	分
陆仟陆佰伍拾贰元整				￥	6	6	5	2	0	0

用途　补付货款差额

上列款项请从
我账户内支付
出票人签章

（印章：信恒保温瓶有限公司财务专用章）（印章：赵海 亮印）

复核
记账
验印

收　料　单

No. 2097240

供货单位：________

发票号码：________　　　　年　　月　　日　　　　收货仓库：________

材料类别	名称及规格	计量单位	数量		实际成本		计划成本		差异
			应收	实收	单价	金额	单价	金额	

质量检验：　　　　　收料：　　　　　制单：

记账联

经济业务(20)

(　　贷款)借款凭证(回　　单) ③

此联系核定放款回单代借款单位往来户收款通知

单位编号：A005 日期：2018 年 12 月 7 日　　　　银行编号：0119

借款人	名　称	信谊保温瓶有限公司	收款人	名　称	信恒保温瓶有限公司
	放款户账号	267－0302257011		往来户账号	267－03012345
	开户银行	工行静安支行		开户银行	工行静安支行
借款期限(最后还款日)		2019 年 3 月 7 日	借款计划指标		
借款申请金额		人民币(大写)：捌拾万元整	千百十万千百十元角分		¥80000000
借款原因及用途		生产经营周转用	银行核定金额：	千百十万千百十元角分	¥80000000

期限	计划还款日期	✓	计划还款金额	分次还款记录	期次	还款日期	还款金额	结欠
1	2019 年 3 月 7 日		800 000.00					
2								
3								
4								

备　注：

上述借款业已同意贷给并转入你单位往来户账，借款到期时应按期归还。此致

借款单位　中国工商银行上海市分行 静安支行业务章 2018.12.7

(银行盖章)2018 年 12 月 7 日

经济业务(21)

信恒保温瓶有限公司
外埠出差报销单

2018年12月8日

出差人姓名	王庆成	工作部门	财务科	预借金额	2 000.00
出差事由	参加会议	出差日期	11月28日到 12月7日	返回金额	53.00
出差地点	北京	出差天数	10天	应补金额	—

起程					到达					车船费		在途伙食津贴		通宵乘车补贴			住勤伙食补贴			住宿费	市内交通费	其他费用	
月	日	时	分	地点	月	日	时	分	地点	交通工具	金额	人/天	金额	票价	%	补贴	人/天	每天标准补助	金额			项目	金额
11	28	17	45	上海	11	29	15	16	北京	火车	370.00						1/10	15.00	150.00	1 030.00	27.00		
12	6	19	26	北京	12	7	17	03	上海	火车	370.00												
合计金额	(小写)¥1 947.00元				各项费用小计					740.00									150.00	1 030.00	27.00		
	(大写)壹仟玖佰肆拾柒元零角零分																						

现金付讫

审核洪梅　出纳常江　部门主管朱茜　报销人王庆成

上海市企业单位统一收据　No. 03856815

年　　月　　日

交款单位＿＿＿＿＿＿＿＿＿＿＿＿＿＿＿＿＿＿＿＿

人民币（大写）＿＿＿＿＿＿＿＿＿＿＿＿＿＿＿＿　￥＿＿＿＿＿＿

系　　付＿＿＿＿＿＿＿＿＿＿＿＿＿＿＿＿＿＿＿＿

现金	
支票	
付委	

③记账联

收款单位（盖章有效）　　财务＿＿＿＿＿　经手人＿＿＿＿＿

经济业务（22）

商业承兑汇票(存根)　3　　IX IV 3192978

签发日期　贰零壹捌年拾壹月零捌日　　　　第　　号

付款人	全　称	信恒保温瓶有限公司		收款人	全　称	东江有色金属公司	
	账　号	267－03012345			账　号	2103140981	
	开户银行	工行静安支行	行号		开户银行	常州城市合作银行第三支行	行号
汇票金额	人民币（大写）叁拾万元整					千百十万千百十元角分 ￥30000000	
汇票到期日	贰零壹捌年拾贰月零捌日			交易合同号码		♯09176	
备注：				负责　　经办			

此联签发人存查

委邮 **委托收款** 凭证(付账通知) 5 托收号码:

第　　号

委托日期 2018年12月4日　　付款期限 2018年12月8日

<table>
<tr><td rowspan="3">付款人</td><td>全称</td><td>信恒保温瓶有限公司</td><td rowspan="3">收款人</td><td>全称</td><td colspan="3">东江有色金属公司</td></tr>
<tr><td>账号或地址</td><td>267－03012345</td><td>账号</td><td colspan="3">2103140981</td></tr>
<tr><td>开户银行</td><td>工行静安支行</td><td>开户银行</td><td>常州城市合作银行第三支行</td><td>行号</td><td></td></tr>
<tr><td colspan="2">委收金额</td><td colspan="4">人民币(大写)叁拾万元整</td><td colspan="2">千百十万千百十元角分
¥30000000</td></tr>
<tr><td>款项内容</td><td>货款</td><td>委托收款凭据名称</td><td colspan="2">商业承兑汇票</td><td>附寄单证张数</td><td colspan="2"></td></tr>
<tr><td colspan="3">备注:
中国工商银行上海市分行
静安支行 2018.12.5</td><td colspan="5">付款单位注意:
1. 根据结算方法,上列委托收款,如在付款期限内未拒付时,即视同全部同意付款,以此联代付款通知。
2. 如需提前付款或多付款时,应另写书面通知送银行办理。
3. 如系全部或部分拒付,应在付款期限内另填拒绝付款理由书送银行办理。</td></tr>
</table>

单位主管　　会计　　复核　　记账　　付款人开户行盖章　　月　　日

此联付款人开户银行给付款人按期付款的通知

经济业务(23)

10新港债摊余成本计算表

计息期间	期初摊余成本	投资收益	应收利息	摊销额	期末摊余成本
2018.1～2018.12					
2019.1～2019.12					
2020.1～2020.12					
2021.1～2021.12					
2022.1～2022.12					

经济业务(24)

银行承兑汇票　2　IXV 1382942

签发日期　贰零壹捌年壹拾月零玖日　第　号

收款人	全　称	信恒保温瓶有限公司	承兑申请人	全　称	上海保温容器公司国贸部
	账　号	410－06833068		账　号	507－00001111
	开户银行	中行上海市分行　行号		开户银行	建行静安支行　行号
汇票金额	人民币(大写)	叁拾陆万元整	千百十万千百十元角分	￥36000000	
汇票到期日	贰零壹玖年零壹月零玖日				
			承兑协议编号 2468103	交易合同编号 ♯186397	

本汇票送请你行承兑，并确认《银行结算办法》和承兑协议的各项规定。

此致

承兑银行

承兑申请人盖章　上海保温容器公司国贸部财务专用章

2018 年 10 月 9 日

本汇票经本行承兑，到期日由本行付交。

承兑银行盖章　中国建设银行上海市分行静安支行业务章 2018.10.9

年　月　日

上海保温容器公司国贸部财务专用章

汇票签发人盖章

负责　　经办

科目(付)……

对方科目(收)……

转账日期　年　月　日

复核　　记账

此联收款人开户行向承兑行收取票款时作联行往账付出传票

银行承兑汇票(解讫通知)　3　IXV1382942

签发日期　贰零壹捌年壹拾月零玖日　第　号

收款人	全　称	信恒保温瓶有限公司	承兑申请人	全　称	上海保温容器公司国贸部
	账　号	410－06833068		账　号	507－00001111
	开户银行	中行上海市分行　行号		开户银行	建行静安支行　行号
汇票金额	人民币(大写)	叁拾陆万元整	千百十万千百十元角分	￥36000000	
汇票到期日	贰零壹玖年零壹月零玖日				
			承兑协议编号 2468103	交易合同号码 ♯186397	

收款人开户银行盖章

复核　　会计

上海保温容器公司国贸部财务专用章

汇票签发人盖章

负责　　经办

备注：

此联收款人开户行收取票款时随报单寄回承兑行，承兑行作付出传票附件

贴现凭证（收账通知） ④

填写日期　　年　　月　　日　　　　第　　号

<table>
<tr><td rowspan="3">贴现
汇票</td><td>种　类</td><td></td><td>号码</td><td></td><td rowspan="3">申
请
人</td><td>全　称</td><td colspan="2"></td></tr>
<tr><td>发票日</td><td colspan="3">年　月　日</td><td>账　号</td><td colspan="2"></td></tr>
<tr><td>到期日</td><td colspan="3">年　月　日</td><td>开户银行</td><td colspan="2"></td></tr>
<tr><td colspan="2">汇票承兑人（或银行）名称</td><td colspan="3"></td><td>账号</td><td></td><td>开户银行</td><td></td></tr>
<tr><td colspan="2">汇票金额（即贴现金额）</td><td colspan="5">人民币（大写）</td><td colspan="2">千 百 十 万 千 百 十 元 角 分</td></tr>
<tr><td>贴现率每月</td><td>‰</td><td>贴现利息</td><td colspan="2">十 万 千 百 十 元 角 分</td><td colspan="2">实付贴现金额</td><td colspan="2">千 百 十 万 千 百 十 元 角 分</td></tr>
<tr><td colspan="5">上述款项已转入你单位账户。
此致
银行盖章
年　月　日</td><td colspan="4">备注：</td></tr>
</table>

此联银行给贴现申请人的收账通知

经济业务(25)

商业承兑汇票　2　　ⅦⅡ8492096

签发日期　贰零壹捌年拾贰月零玖日　　　　第　　号

<table>
<tr><td rowspan="3">付
款
人</td><td>全　称</td><td colspan="3">上海保温容器公司国际贸易部</td><td rowspan="3">收
款
人</td><td>全　称</td><td colspan="3">信恒保温瓶有限公司</td></tr>
<tr><td>账　号</td><td colspan="3">507－00001111</td><td>账　号</td><td colspan="3">267－03012345</td></tr>
<tr><td>开户银行</td><td>建设银行静安支行</td><td>行号</td><td></td><td>开户银行</td><td>工行静安支行</td><td>行号</td><td></td></tr>
<tr><td colspan="2">汇票金额</td><td colspan="6">人民币（大写）叁拾玖万贰仟伍佰肆拾肆元整</td><td colspan="2">千 百 十 万 千 百 十 元 角 分
¥ 3 9 2 5 4 4 0 0</td></tr>
<tr><td colspan="2">汇票到期日</td><td colspan="4">贰零壹玖年零叁月零玖日</td><td colspan="2">交易合同号码</td><td colspan="2"></td></tr>
<tr><td colspan="5">本汇票已经本单位承兑，到期日无条件支付票款。　此致
收款人　[印：阮敏]
[印：上海保温容器公司国际贸易部财务专用章]
付款人盖章
负责　　经办　　2018 年 12 月 9 日</td><td colspan="5">[印：上海保温容器公司国际贸易部财务专用章]　[印：阮敏]
汇票签发人盖章
负责　　经办</td></tr>
</table>

此联收款人开户行随结算凭证寄付款人开户行作借方凭证附件

上海增值税专用发票

3100261865 　　此联不作报销、扣税凭证使用　　No. 22085704

3100261865
22085704

校验码 76110 53210 62983 27197　　　　开票日期：2018年12月9日

购买方	名　　称：上海保温容器公司国际贸易部 纳税人识别号：310132804950224 地 址、电 话：上海市富民路2095号　62501234 开户行及账号：建行静安支行　507-00001111	密码区	5297-3*41119113710380-6 106-1127-460*80106191</ 04645>1/6452108*2-2+4-> 7/2-5>1*2308*</2-78>-032

货物或应税劳务、服务名称	规格型号	单位	数量	单价	金额	税率	税额
塑壳保温瓶(大号)	203	只	9 600	16.00	153 600.00	16%	24 576.00
塑壳保温瓶(中号)	202	只	13 200	14.00	184 800.00	16%	29 568.00
合　计					¥338 400.00		¥54 144.00
价税合计(大写)	⊗叁拾玖万贰仟伍佰肆拾肆圆整				(小写)¥392 544.00		

销售方	名　　称：信恒保温瓶有限公司 纳税人识别号：310225511415054 地 址、电 话：上海市余兴路677号　62567890 开户行及账号：工行静安支行　267-03012345	备注	信恒保温瓶有限公司 310225511415054 发票专用章

收款人：张　敏　　复核：　　开票人：王开复　　销售方：(章)

第二联：记账联　销售方记账凭证

经济业务(26)

利通证券公司上海田林西路营业部

利通证券股份有限公司
上海田林西路证券营业部
证券开户交易专业章

交割单[证券卖出]

席 位 号：	46006	打印日期：	2018-12-9
客户名称：	信恒保温瓶有限公司	成交日期：	2018-12-8
股东账号：	A111555789	成交数量：	25 000
资金账号：	012-16688	成交价格：	21.708
期初数量：	95 000	成交金额：	542 700.00
期初金额：	85 250.30	佣　　金：	1 083.40
股票余额：	70 000	印 花 税：	540.70
资金余额：	626 322.20	过 户 费：	4.00
股票代码：	600101	清算金额：	541 071.90
股票名称：	明星电力	成交时间：	103612

经济业务(27)

信恒保温瓶有限公司

外埠出差报销单

2018 年 12 月 10 日

出差人姓名	姚怡	工作部门	供销经营科	预借金额	￥400.00
出差事由	采购材料	出差日期	12 月 6 日到 12 月 9 日	返回金额	/
出差地点	浙江余姚	出差天数	4 天	应补金额	￥54.80

起程					到达					车船费		在途伙食津贴		通宵乘车补贴			住勤伙食补贴			住宿费	市内交通费	其他费用	
月	日	时	分	地点	月	日	时	分	地点	交通工具	金额	人/天	金额	票价	%	补贴	人/天	每天标准补助	金额			项目	金额
12	6	22	46	上海	12	7	5	07	余姚	火车	56.00						1/4	15.00	60.00	268.00	14.80		
12	9	8	21	余姚	12	9	15	39	上海	火车	56.00												
																			现金	付讫			
合计金额	(小写)454.80 元 各项费用小计										112.00								60.00	268.00	14.80		

合计金额 (大写)肆佰伍拾肆元捌角零分　审核王庆成　出纳常江　部门主管叶大明　报销人姚怡

经济业务(28)

上海增值税专用发票

No. 01369456

全国统一发票监制章 上海 国家税务总局监制 发票联

3100156780

3100156780
01369456

校验码 76101 50789 23300 11672

开票日期：2018 年 12 月 10 日

购买方	名　　称：信恒保温瓶有限公司 纳税人识别号：310225511415054 地 址、电 话：上海市余兴路 677 号　62567890 开户行及账号：工行静安支行　267-03012345	密码区	3 0<41>891380-6>520/56< 7-4602-2 * 1<0/8/-<<491 5452>1/62-2+4->0>1 * 24 8 * </2-786->-987/2-530

货物或应税劳务、服务名称	规格型号	单位	数量	单价	金额	税率	税额
复印纸	A4 现金收讫	刀	5	23.23	116.15	16%	18.58
合计					￥116.15		￥18.58
价税合计(大写)	⊗ 壹佰叁拾肆圆柒角叁分				(小写)￥134.73		

销售方	名　　称：上海文汇文具商店 纳税人识别号：310206713409001 地 址、电 话：上海市陕西南路 641 号　63744021 开户行及账号：工行卢湾支行陕南第三处　221-04457001	备注	上海文汇文具商店 310206713409001 发票专用章

第三联：发票联　购买方记账凭证

收款人：金伟良　复核：　开票人：刘小利　销售方：(章)

经济业务(29)

付款期
壹个月

中国工商银行
本票 1

ⅢⅩ101742
第 号

此联签发行结清本票时作付出传票

签发日期(大写) 贰零壹捌年拾贰月壹拾日

收款人:上海新丰铝制品厂		
凭票即付 人民币(大写) 叁万元整		
转账 ✓	现金	中国工商银行上海市分行静安支行业务章 2018.12.10 签发银行盖章	科目(付) 对方科目(收) 兑付日期 年 月 日 出纳 复核 经办

中国工商银行本票申请书(存根)

① No. 34615457

申请日期 年 月 日

申请人				收款人	
账号或住址				账号或住址	
兑付地点	省	市 县	兑付行	汇款用途	
汇款金额	人民币(大写)				千 百 十 万 千 百 十 元 角 分

此联由申请人留存作记账凭证

备注:

科目
对方科目

财务主管: 复核: 经办:

经济业务(30)

中国工商银行　上海市分行

电子报税付款通知　No. 09200284222960289036

开户银行：中国工商银行　　扣款日期：2018 年 12 月 9 日

上海市分行静安支行　　收款国库：国家金库上海市静

纳税人代码	310225511415054	税务征收机关	静安区税务局第十税务所
纳税人全称	信恒保温瓶有限公司	银行账号	267－03012345

纳税流水号	税　种	税款所属时期	实缴金额
3204005123555231	企业所得税	201811－201811	57 250.00
3204005123555232	增值税	201811－201811	189 340.00
3204005123555233	城市维护建设税	201811－201811	13 463.80
3204005123555234	教育费附加	201811－201811	5 770.20
3204005123555235	个人所得税	201811－201811	2 137.80
金额合计	(大写)贰拾陆万柒仟玖佰陆拾壹元捌角零分		267 961.80

上海市国家税务局 上海市地方税务局 专用章 委托银行扣款

本付款通知经与银行对账单扣款记录核对一致有效。

上述税款已经扣缴，请与银行对账单核对一致。

扣款银行(签章)　中国工商银行上海市分行 静安支行业务章 2018.12.9

经济业务(31)

中国工商银行上海市分行支票　支票号码：AB187664

出票日期(大写)：贰零壹捌年拾贰月壹拾叁日　开户行名称：工行静安二支行

收款人：信恒保温瓶有限公司　出票人账号：241－01122334

人民币(大写)	千	百	十	万	千	百	十	元	角	分
壹仟壹佰零伍角壹分					¥	1	1	0	0	5	1

用途付清本票结算余额

上列款项请从

我账户内支付

出票人签章

上海新丰铝制品厂财务专用章

钱得平印

复核

记账

验印

上海增值税专用发票

发票联

3100563121　　No. 01345789

3100563121
01345789

校验码 72589 12345 50097 01673　　开票日期：2018年12月13日

购买方	名　　称：信恒保温瓶有限公司 纳税人识别号：310225511415054 地 址、电 话：上海市余兴路677号　62567890 开户行及账号：工行静安支行　267－03012345			密码区	2-30<41>8913-6>520/56* 567-4602-2*1/8/-<<491 645452>1/62-4->0>1*24 318*</2-786-987/2-5301		
货物或应税劳务、服务名称	规格型号	单位	数量	单价	金额	税率	税额
加工费		套	15 099	1.65	24 913.35	16%	3 986.14
合计					¥24 913.35		¥3 986.14
价税合计（大写）	⊗ 贰万捌仟捌佰玖拾玖圆肆角玖分				（小写）¥28 899.49		
销售方	名　　称：上海新丰铝制品厂 纳税人识别号：310005671118601 地 址、电 话：上海市康平中路572号　65001672 开户行及账号：工行静安二支行　241－01122334			备注	上海新丰铝制品厂 310005671118601 发票专用章		

收款人：李大捷　　复核：　　开票人：方小华　　销售方：（章）

第三联：发票联　购买方记账凭证

中国工商银行上海市（　　）进账单（回单）　①

科目：　　　年　　月　　日　　对方科目：

款项来源		收款人	全　称	
款项种类	票据（分页填写）		账　号	
人民币：（大写）				千 百 十 万 千 百 十 元 角 分

托收票据目录第1页　共　页		票据种类	金额（十 万 千 百 十 元 角 分）	
付款单位账号	凭证号码			
				（收款银行盖章）

此联由银行盖章后退回单位

注意：（1）解入票据须俟收妥后方可用款（2）本联于款项收妥后代收账通知

委托加工收料单

No. 0812174

加工单位：________

加工合同：________　　　年　　月　　日　　　收料仓库：________

材料类别	名称及规格	计量单位	实收数量	实际成本	计划成本		差　异
					单价	金额	

记账联

质量检验：　　　　仓库验收：　　　　仓库保管：

经济业务(32)

上海增值税专用发票

No. 51813253

3105141707

发票联

全国统一发票监制章 上海 国家税务总局监制

3105141707
51813253

校验码 76105 05231 60178 00123　　　　开票日期：2018 年 12 月 13 日

购买方		密码区	
名　　称：信恒保温瓶有限公司 纳税人识别号：310225511415054 地 址、电 话：上海市余兴路 677 号　62567890 开户行及账号：工行静安支行　267-03012345		131*1−12*D16>1/34508*/ 2/40264*−<>01/5/16−+5 7−12/*7−2*4−>10216/ 92+<1−2+22−1814*−<>81	

货物或应税劳务、服务名称	规格型号	单 位	数 量	单 价	金 额	税 率	税 额
瓶　胆	大号(2.5 l)	只	55 000	5.20	286 000.00	16%	45 760.00
瓶　胆	中号(1.8 l)	只	18 000	4.10	73 800.00	16%	11 808.00
瓶　胆	小号(1.2 l)	只	20 000	3.05	61 000.00	16%	9 760.00
合　计					¥420 800.00		¥67 328.00
价税合计(大写)	⊗ 肆拾捌万捌仟壹佰贰拾捌圆整				(小写)¥488 128.00		

销售方	备注
名　　称：上海瓶胆总厂 纳税人识别号：310007169480132 地 址、电 话：上海市延平路 1685 号　65113740 开户行及账号：农行江湾所　385-07544137	上海瓶胆总厂 310007169480132 发票专用章

收款人：　　　复核：　　　开票人：余　成　　　销售方：(章)

第三联：发票联　购买方记账凭证

商业承兑汇票 1　ⅨⅣ3192979

签发日期　　年　　月　　日　　　　第　　号

付款人	全　称			收款人	全　称		
	账　号				账　号		
	开户银行		行号		开户银行		行号

汇票金额	人民币（大写）	千	百	十	万	千	百	十	元	角	分

汇票到期日	年　月　日	交易合同号码	

本汇票请你单位承兑，并及时将承兑汇票寄交我单位。

此致

承兑人

收款人盖章

负责　　经办　　年　　月　　日

备注：

此联承兑人（付款人）留存

商业承兑汇票（存根） 3　ⅨⅣ3192979

签发日期　　年　　月　　日　　　　第　　号

付款人	全　称			收款人	全　称		
	账　号				账　号		
	开户银行		行号		开户银行		行号

汇票金额	人民币（大写）	千	百	十	万	千	百	十	元	角	分

汇票到期日	年　月　日	交易合同号码	

备注：

负责　　经办

此联签发人存查

收 料 单 No. 2097241

供货单位：________

发票号码：________ 年 月 日 收货仓库：________

材料类别	名称及规格	计量单位	数量		实际成本		计划成本		差异
			应收	实收	单价	金额	单价	金额	

记账联

质量检验： 收料： 制单：

经济业务(33)

上海增值税专用发票

3100156112 No. 08026970

发票联

3100156112
08026970

校验码 67021 05113 41298 71112 开票日期：2018年12月14日

购买方	名　　称：信恒保温瓶有限公司 纳税人识别号：310225511415054 地 址、电 话：上海市余兴路677号 62567890 开户行及账号：工行静安支行 267－03012345	密码区	21*1<>－12*D16>12/344 8402－＋4*－8>018/5/1 －12>0/*8－2*4－>0>1021 72＋<1*－2＋22－1－14*－<2

货物或应税劳务、服务名称	规格型号	单位	数量	单价	金额	税率	税额
长途运费	铝锭ADC08	吨	8	135.00	1 080.00	10%	108.00
合 计					￥1 080.00		￥108.00
价税合计(大写)	⊗壹仟壹佰捌拾捌圆整				(小写)￥1 188.00		

销售方	名　　称：上海黄浦运输公司 纳税人识别号：310014378120915 地 址、电 话：上海市中山东一路115号 68285885 开户行及账号：工行上海分行 267－11907534	备注	托运单编号：09875

第三联：发票联 购买方记账凭证

（印章：上海黄浦运输公司 310014378120915 发票专用章）

收款人：王小玉 复核： 开票人：姚 薇 销售方：(章)

中国工商银行上海市分行

支票号码：AE101171

出票日期 2018 年 12 月 14 日

收 款 人：上海黄浦运输公司

金 额：￥1 188.00

用 途：付运费

中国工商银行上海市分行支票

支票号码：AE101171

出票日期(大写)：贰零壹捌年拾贰月壹拾肆日　开户行名称：工行静安支行

收款人：上海黄浦运输公司　出票人账号：267－03012345

人民币(大写)	千	百	十	万	千	百	十	元	角	分
壹仟壹佰捌拾捌元整				￥	1	1	8	8	0	0

用途 付运费

上列款项请从

我账户内支付

出票人签章

信恒保温瓶有限公司财务专用章

赵海印亮

复核

记账

验印

收 料 单

No. 2097242

供货单位：

发票号码：　年　月　日　收货仓库：

材料类别	名称及规格	计量单位	数量		实际成本		计划成本		差异
			应收	实收	单价	金额	单价	金额	

记账联

质量检验：　收料：　制单：

经济业务(34)

中国工商银行上海市分行

支票号码：AE101172

出票日期 2018 年 12 月 14 日

收 款 人：光明机械设备有限公司

金 额：￥5 800.00

用 途：预付设备修理费

中国工商银行上海市分行支票 支票号码：AE101172

出票日期(大写)：贰零壹捌年拾贰月壹拾肆日 开户行名称：工行静安支行

收款人：光明机械设备有限公司 出票人账号：267－03012345

人民币(大写)	伍仟捌佰元整	千	百	十	万	千	百	十	元	角	分
					￥	5	8	0	0	0	0

用途预付设备修理费

上列款项请从

我账户内支付

出票人签章

复核

记账

验印

上海增值税专用发票

3100200507 No. 01458957

发票联

3100200507
01458957

校验码 56780 12006 23980 11987

开票日期：2018 年 12 月 14 日

购买方	名 称：信恒保温瓶有限公司 纳税人识别号：310225511415054 地 址、电 话：上海市余兴路 677 号 62567890 开户行及账号：工行静安支行 267－03012345	密码区	1＊613450<<－1702＋//1912 < >10981－/27＊/＋35071830 52－39＊704278<<46＊＋10635 17＊60538<<37＊＋>>109638

货物或应税劳务、服务名称	规格型号	单位	数量	单价	金额	税率	税额
注塑机维修		台	1	5 000.00	5 000.00	16%	800.00
合 计					￥5 000.00		￥800.00
价税合计(大写)	⊗ 伍仟捌佰圆整				(小写)￥5 800.00		

销售方	名 称：光明机械设备有限公司 纳税人识别号：310010203047686 地 址、电 话：上海市鸿兴路 1256 号 64932017 开户行及账号：上海银行闵行分行 04012902356828	备注	合同号：016935 合同总价：14 935 元

收款人：范晓华 复核： 开票人：王小毛 销售方：(章)

光明机械设备有限公司 310010203047686 发票专用章

第三联：发票联 购买方记账凭证

经济业务(35)

存根	支票
中国工商银行上海市分行	中国工商银行上海市分行支票 支票号码：AE101173
支票号码：AE101173	出票日期(大写)：贰零壹捌年拾贰月壹拾伍日 开户行名称：工行静安支行
出票日期 2018年12月15日	收款人：信恒保温瓶有限公司职工工资户 出票人账号：267－03012345
	人民币(大写) 贰拾壹万陆仟壹佰肆拾玖元捌角玖分 ¥216149.89
收款人：信恒保温瓶有限公司职工工资户	用途 发放工资
金额：¥216 149.89	上列款项请从我账户内支付 出票人签章 (信恒保温瓶有限公司财务专用章) (赵海亮印) 复核 记账 验印
用途：发放工资	

千	百	十	万	千	百	十	元	角	分
	¥	2	1	6	1	4	9	8	9

经济业务(37)

存根	支票
中国工商银行上海市分行	中国工商银行上海市分行支票 支票号码：AE101174
支票号码：AE101174	出票日期(大写)：贰零壹捌年拾贰月壹拾伍日 开户行名称：工行静安支行
出票日期 2018年12月15日	收款人：信恒保温瓶有限公司工会 出票人账号：267－03012345
	人民币(大写) 壹仟叁佰壹拾贰元整 ¥131200
收款人：信恒保温瓶有限公司工会	用途划转代扣工会会费
金额：¥1 312.00	上列款项请从我账户内支付 出票人签章 (信恒保温瓶有限公司财务专用章) (赵海亮印) 复核 记账 验印
用途：划转代扣工会会费	

千	百	十	万	千	百	十	元	角	分
			¥	1	3	1	2	0	0

经济业务(38)

社会保险费、公积金及有关经费计算表

2018 年12 月　　　　人数：162

部门		各项保险费、公积金计提数(按上年月平均工资计提,上年月平均工资总额为 249 408.64 元)						合计	各项经费计提数(按本月工资计提)			总计
		养老保险费	住房公积金	医疗保险费	失业保险费	生育保险费	工伤保险费		工会经费	教育经费	合计	
制壳车间	生产工人	8 470.98	2 964.85	4 023.72	211.77	423.55	211.77	16 306.64	874.72	656.04	1 530.76	17 837.40
	管理人员	1 042.01	364.70	494.96	26.05	52.10	26.05	2 005.87	113.21	84.91	198.12	2 203.99
	小计	9 512.99	3 329.55	4 518.68	237.82	475.65	237.82	18 312.51	987.93	740.95	1 728.88	20 041.39
塑料车间	生产工人	12 401.01	4 340.35	5 890.48	310.03	620.04	310.03	23 871.94	1 302.38	976.78	2 279.16	26 151.10
	管理人员	1 821.07	637.37	865.01	45.53	91.06	45.53	3 505.57	222.40	166.80	389.20	3 894.77
	小计	14 222.08	4 977.72	6 755.49	355.56	711.10	355.56	27 377.51	1 524.78	1 143.58	2 668.36	30 045.87
装配车间	生产工人	7 869.61	2 754.36	3 738.07	196.74	393.48	196.74	15 149.00	846.74	635.06	1 481.80	16 630.80
	管理人员	814.60	285.11	386.93	20.37	40.72	20.37	1 568.10	85.29	63.97	149.26	1 717.36
	小计	8 684.21	3 039.47	4 125.00	217.11	434.20	217.11	16 717.10	932.03	699.03	1 631.06	18 348.16
机修车间		2 006.21	702.17	952.95	50.16	100.30	50.16	3 861.95	215.98	161.98	377.96	4 239.91
企业行政管理人员		15 456.24	5 409.68	7 341.71	386.41	772.81	386.41	29 753.26	1 587.28	1 190.46	2 777.74	32 531.00
合计		49 881.73	17 458.59	23 693.83	1 247.06	2 494.06	1 247.06	96 022.33	5 248.00	3 936.00	9 184.00	105 206.33

行政拨交工会经费缴款书

○

缴款单位
电　话…………　　缴款日期：　　年　　月　　日　　字第　　号

每月最后缴款日期：十五日

所属月份		职工人数		本月工资总额		按2%计应拨交经费	¥

收入基层工会　工作费户		上解上级工会　工作费户		缴款单位	
户　名		户　名		户　名	
账　号		账　号		账　号	
开户行		开户行		开户行	

比　例	万	千	百	十	元	角	分	比　例	万	千	百	十	元	角	分	合　计	十	万	千	百	十	元	角	分
60%								40%																

合计金额 人民币（大写）		上列款项已划转有关工会账户
缴款单位盖章： 年　月　日	工会委员会盖章： 年　月　日	银行盖章

第一联　由银行退缴款单位作回单

经济业务(39)

中国工商银行上海市分行

支票号码：AE101175

出票日期　2018 年 12 月 16 日

收款人：信恒保温瓶有限公司住房公积金专户

金　额：¥34 917.18

用　途：缴付职工住房公积金

中国工商银行上海市分行支票　支票号码：AE101175

出票日期(大写)：贰零壹捌年拾贰月壹拾陆日　开户行名称：工行静安支行

收款人：信恒保温瓶有限公司住房公积金专户　出票人账号：267－03012345

人民币（大写）	千	百	十	万	千	百	十	元	角	分
叁万肆仟玖佰壹拾柒元壹角捌分			¥	3	4	9	1	7	1	8

用途　缴付职工住房公积金

上列款项请从

我账户内支付

出票人签章　信恒保温瓶有限公司财务专用章　赵海亮印

复核

记账

验印

上海市公积金汇缴书

年　月　日　　附清册　张

单位名称		□汇缴：　年　月份
公积金账号		□补缴：　人数　人
缴交金额（大写）		十 万 千 百 十 元 角 分

上月汇缴		本月增加汇缴		本月减少汇缴		本月汇缴	
人数	金额	人数	金额	人数	金额	人数	金额

付款行	付款账号	支票号码

银行盖章

第一联　银行盖章后交单位记账

经济业务(40)

上海市职工社会保险基金结算表

2018 年 12 月

单位名称：信恒保温瓶有限公司

单位编码：141818048　　本月扣款日期：2018.12.16　　NO.40542-1

应 缴 项 目	核定金额(元)	应 付 项 目	核定金额(元)
1. 养老保险缴费基数	249 408.64	19. 月养老金基数	0
2. 补缴历年养保缴费工资总额	0	20. 一次性调整金额	0
3. 养老保险单位缴费率%	20	21. 一次性补助金额	0
4. 单位应缴养老保险费金额	49 881.73	22. 建国前参加革命加发生活费	0
5. 其他应缴养老保险费金额	0	23. 其他按规定支付额	0
6. 养老保险费个人缴费总额	19 952.69	24. 一次性补充养老金	0
7. 其中：个人缴费月基数	19 952.69	25. 丧葬补助费，抚恤金	0
8. 养老保险缴纳合计	69 834.42	26. 其他按规定一次性支付金额	0
9. 失业保险缴费基数	249 408.64	27. 终止养老保险关系支付额	0
10. 补缴历年失保缴费工资总额	0	28. 房贴	0
11. 失业保险单位缴费率%	0.5	29. 应支付医疗费	0
12. 单位应缴失业保险费金额	1 247.06	30.	
13. 其他应缴失业保险费金额	0	31.	
14. 失业保险费个人缴费总额	1 247.06	32.	
15. 其中：个人缴费月基数	1 247.06	33.	
16. 失业保险缴纳合计	2 494.12	34. 支付合计	0
17. 单位缓缴社会保险费金额	0	35. 自负金额	0
18. 应缴纳金额	72 328.54	36. 应拨付金额	0

盖章后代收付款凭证

合 计(大写) 柒万贰仟叁佰贰拾捌元伍角肆分

打印日期：2018.12.15　　社会保险经办机构(盖章)：上海市社会保险事业管理中心

上海市社会保险事业基金
结算管理中心结算专用章

补充资料：

1. 月末养老保险账户职工 162 人
2. 月末养老保险缴费人数 162 人
3. 月末领取养老金 0 人
4. 单位缓缴社会保险费含单位缓缴养老保险费 0元、失业保险费 0元

结算版本号：1　　打印版本号：1

上海市职工社会保险基金结算表

2018 年12 月

单位名称：信恒保温瓶有限公司

单位编码：141818048　　本月扣款日期：2018.12.16　　No.40542-2

应　缴　项　目	核定金额(元)	应　付　项　目	核定金额(元)
1. 医疗保险缴费基数	249 408.64	17. 工伤保险缴费基数	249 408.64
2. 补缴历年医保缴费工资总额	0	18. 补缴历年医保缴费工资总额	0
3. 医疗保险单位缴费率％	9.5	19. 工伤保险单位缴费率％	0.5
4. 单位应缴医疗保险费金额	23 693.83	20. 单位应缴工伤保险费金额	1 247.06
5. 其他应缴医疗保险费金额	0	21. 其他应缴工伤保险费金额	0
6. 医疗保险费个人缴费总额	4 988.17	22. 工伤保险费个人缴费总额	0
7. 其中：个人缴费月基数	4 988.17	23. 其中：个人缴费月基数	0
8. 医疗保险缴纳合计	28 682.00	24. 工伤保险缴纳合计	1 247.06
9. 生育保险缴费基数	249 408.64	25. 单位缓缴社会保险费金额	0
10. 补缴历年生保缴费工资总额	0	26. 应缴纳金额	32 423.12
11. 生育保险单位缴费率％	1		
12. 单位应缴生育保险费金额	2 494.06		
13. 其他应缴生育保险费金额	0		
14. 生育保险费个人缴费总额	0		
15. 其中：个人缴费月基数	0		
16. 生育保险缴纳合计	2 494.06		

盖章后代收付款凭证

合　计(大写) 叁万贰仟肆佰贰拾叁元壹角贰分

打印日期：2018.12.15　　社会保险经办机构(盖章)：上海市社会保险事业管理中心

上海市社会保险事业基金
结算管理中心结算专用章

补充资料：

1. 月末养老保险账户职工　162 人
2. 月末养老保险缴费人数　162 人
3. 月末领取养老金　0 人
4. 单位缓缴社会保险费含单位缓缴养老保险费　0 元、失业保险费　0 元

结算版本号：1　　打印版本号：1

经济业务(41)

上海增值税专用发票

No. 71281082

3101191201

发票联

3101191201
71281082

校验码 81230 97125 05361 87511　　　　开票日期：2018年12月16日

购买方	名　　称：信恒保温瓶有限公司 纳税人识别号：310225511415054 地 址、电 话：上海市余兴路677号　62567890 开户行及账号：工行静安支行　267-03012345			密码区	/1*1<>-12*D16>12/3449 /402-+4*-<>018/5/16 -12>0/*7-2*4->0>10216 12+<1*-2+22-1-14*-<228		
货物或应税劳务、服务名称	规格型号	单　位	数　量	单　价	金　额	税　率	税　额
塑料粒子	P-502	吨	24	9 160.00	219 840.00	16%	35 174.40
合　计					¥219 840.00		¥35 174.40
价税合计(大写)	⊗贰拾伍万伍仟零壹拾肆圆肆角整				(小写)¥255 014.40		
销售方	名　　称：天明塑料公司 纳税人识别号：310012407333459 地 址、电 话：上海市沪太路2568号　65102307 开户行及账号：工行普陀二支行　275-18674413			备注			

收款人：韩芝敏　　复核：　　开票人：陈亚容　　销售方：(章)

天明塑料公司 310012407333459 发票专用章

第三联：发票联　购买方记账凭证

上海增值税专用发票

No. 10048970

3100189015

发票联

3100189015
10048970

校验码 39175 28161 34008 11760　　　　开票日期：2018年12月16日

购买方	名　　称：信恒保温瓶有限公司 纳税人识别号：310225511415054 地 址、电 话：上海市余兴路677号　62567890 开户行及账号：工行静安支行　267-03012345			密码区	*-30<41>896-6>520/56* 167-4602-7*1/8/-<<4 45152>1/62-4->0>1* <18*</2-186-987/2-53		
货物或应税劳务、服务名称	规格型号	单　位	数　量	单　价	金　额	税　率	税　额
市内公路运费	塑料粒子 P-502	吨	24	90.00	2 160.00	10%	216.00
合　计					¥2 160.00		¥216.00
价税合计(大写)	⊗贰仟叁佰柒拾陆圆整				(小写)¥2 376.00		
销售方	名　　称：上海徐汇运输公司 纳税人识别号：310012005719876 地 址、电 话：上海市常熟中路1126弄20号 63071234 开户行及账号：工行上海分行静安支行　264-50129725			备注	托运单编号：6013		

收款人：李刚　　复核：　　开票人：张娟　　销售方：(章)

上海徐汇运输公司 310012005719876 发票专用章

第三联：发票联　购买方记账凭证

中国工商银行上海市分行

支票号码：AE101176

出票日期 2018年12月16日

收 款 人：上海徐汇运输公司

金 额：￥2 376.00

用 途：支付运费

中国工商银行**上海市分行支票** 支票号码：AE101176

出票日期(大写)：贰零壹捌年拾贰月壹拾陆日 开户行名称：工行静安支行

收款人：上海徐汇运输公司 出票人账号：267－03012345

人民币（大写）	贰仟叁佰柒拾陆元整	千	百	十	万	千	百	十	元	角	分
					￥	2	3	7	6	0	0

用途 支付运费

上列款项请从

我账户内支付

出票人签章

信恒保温瓶有限公司财务专用章

赵海印 亮

复核

记账

验印

收 料 单

No. 2097243

供货单位：天明塑料公司

发票号码： 1119061 2018年12月16日 收货仓库： 材料仓库

材料类别	名称及规格	计量单位	数量		实际成本		计划成本		差异
			应收	实收	单价	金额	单价	金额	
原材料	塑料粒子	吨	24	24	9 250	222 000	10 000	240 000	－18 000

记账联

质量检验：王 宁 收料：丁 红 制单：丁 红

银行承兑汇票(存根)　4　ⅥⅡ01491035

签发日期　　年　　月　　日　　　　第　　号

收款人	全　称			承兑申请人	全　称		
	账　号				账　号		
	开户银行		行号		开户银行		行号
汇票金额	人民币（大写）					千百十万千百十元角分	
汇票到期日	年　月　日						
备注：			承兑协议编号		交易合同号码		
			负责　　经办				

此联签发人存查

经济业务(42)

中国工商银行上海市分行

支票号码：AE101177

出票日期　2018 年 12 月 17 日

收 款 人：信恒保温瓶有限公司

金　　额：¥2 000.00

用　　途：提　现

中国工商银行上海市分行支票　支票号码：AE101177

出票日期(大写)：贰零壹捌年拾贰月壹拾柒日　开户行名称：工行静安支行

收款人：信恒保温瓶有限公司　出票人账号：267－03012345

人民币（大写）	千	百	十	万	千	百	十	元	角	分
贰仟元整				¥	2	0	0	0	0	0

用途　提现

上列款项请从

我账户内支付

出票人签章

信恒保温瓶有限公司财务专用章

赵海印

亮印

复核

记账

验印

经济业务(43)

信恒保温瓶有限公司财产物资盘盈盘亏报告单

类别：存货　　　　2018 年 12 月 17 日

名称	规格	单位	单价	账面数		清点数		盘盈		盘亏		备注
				数量	金额	数量	金额	数量	金额	数量	金额	
瓶胆	大号	只	5.00	24 742		24 670				72		
稀释剂		千克	10.00	1 015		1 012				3		
合计	×	×	×	×		×		×		×		
分析原因：						审批意见：						

第一联

单位(盖章)　　　财务科负责人：　　　制表：

经济业务(44)

上海增值税专用发票

3100261865　　No. 22085705

此联不作报销、扣税凭证使用

3100261865
22085705

校验码 31004 17985 01347 98105　　开票日期：2018 年 12 月 17 日

购买方	名　　称：宁波百货公司 纳税人识别号：330502100231707 地 址、电 话：浙江宁波市解放南路 729 号　0574-56331233 开户行及账号：宁波市工行二营　72025131	密码区	15*297-3*91*1371-0385 127-106-160*80+106+19 5-21046+451/6408*2>2+4-> 70<>5>1*28*</2-78>-00-

货物或应税劳务、服务名称	规格型号	单位	数量	单价	金额	税率	税额
铝壳气压保温瓶	301	只	16 800	35.00	588 000.00	16%	94 080.00
铁壳保温瓶	101	只	4 800	20.00	96 000.00	16%	15 360.00
合计					¥684 000.00		¥109 440.00
价税合计(大写)	⊗柒拾玖万叁仟肆佰肆拾圆整				(小写)¥793 440.00		

销售方	名　　称：信恒保温瓶有限公司 纳税人识别号：310225511415054 地 址、电 话：上海市余兴路 677 号　62567890 开户行及账号：工行静安支行　267-03012345	备注	信恒保温瓶有限公司 310225511415054 发票专用章

收款人：　　复核：　　开票人：王开复　　销售方：(章)

第一联：记账联　销售方记账凭证

中华人民共和国
税收缴款书(银行经收专用)

上海

国家税务总局监制

3201605300177184

(151)沪税银 1195108

登记注册类型:有限责任公司(国内合资)　填发日期:2018年12月17日　税务机关:上海市税务局静安分局第四税务所

缴款单位(人)	识别号	310225511415054		开户银行		中国工商银行上海分行静安支行			
	名称	信恒保温瓶有限公司		账号		267-03012345			
收款国库		国家金库上海市静安区支库(033402)		税款限缴日期		2018-12-17			
预算科目			品目名称	课税数量	计税金额或销售收入	税率或单位税额	税款所属时期	已缴或扣除额	实缴金额
编码	名称	级次							
1011119	其他印花税	区(县)100%	一般印花税		1 880.00	1.00	2018.12.01 2018.12.31		1 880.00
金额合计	(大写)壹仟捌佰捌拾元整								¥1 880.00
税务机关(盖章) 填票人 王方	缴款单位(人)(盖章) 经办人		上列款项已收妥并划转收款单位账户 国库(银行)盖章 年　月　日				备注		

无银行收讫章无效

第一联(收据)国库(银行)收款盖章后退缴款单位(人)作完税凭证

用于汇总缴库的,作基层税务机关税收会计凭证

印花税已领取

上海市静安区国家税务局
上海市静安区地方税务局
2018-12-17
银行卡收款专用
(28-1)

上海市税务局静安分局第四税务所 征税专用章

逾期不缴按税法规定加收滞纳金　　妥善保管

中国工商银行上海市分行

支票号码:AE101178

出票日期　2018年12月17日

收款人:上海市税务局静安分局第四税务所

金　额:¥1 880.00

用　途:买印花税款

中国工商银行上海市分行支票　支票号码:AE101178

出票日期(大写):贰零壹捌年拾贰月壹拾柒日　开户行名称:工行静安支行

收款人:上海市税务局静安分局第四税务所　出票人账号:267-03012345

人民币(大写)	千	百	十	万	千	百	十	元	角	分
壹仟捌佰捌拾元整				¥	1	8	8	0	0	0

用途　买印花税款

上列款项请从

我账户内支付

出票人签章

信恒保温瓶有限公司财务专用章

赵海印

亮

复核

记账

验印

经济业务(46)

信恒保温瓶有限公司
设备处置申请单

2018 年 12 月 16 日

设备名称	电加热烘缸	预计使用年限	10 年	已使用年限	8 年
设备编号	J8143－03	原　值	109 325.00	已提折旧	83 961.60
使用部门	制壳车间	折余价值	25 363.40	预计残值	4 373.00
处置原因	已停用,预计不再用。	技术部门意见	公司近几年购置的同类设备性能远超该电加热烘缸,后者在生产中已被取代,建议另作处理。 高　阳		
处置建议	送废品公司回收	设备部门意见	同意处置 王培根		
企业领导意见	同意。 孙永平	处置日期	2018 年 12 月 17 日		

经办部门：设备科　　　　经办人：吴　英

经济业务(47)

中国工商银行　上海市分行
电子报税付款通知

No. 09200284222960290605

开户银行：中国工商银行　　　　扣款日期：2018 年 12 月 20 日

上海市分行静安支行　　　　收款国库：国家金库上海市静

纳税人代码	310225511415054	税务征收机关	静安区税务局第十税务所
纳税人全称	信恒保温瓶有限公司	银行账号	267－03012345
纳税流水号	税　种	税款所属时期	实缴金额
3204005123671917	房产税	201811－201811	3 000.00
3204005123671918	滞纳金		60.00
金额合计	(大写)叁仟零佰陆拾零元零角零分		3 060.00

本付款通知经与银行对账单扣款记录核对一致有效。

上述税款已经扣缴,请与银行对账单核对一致。

扣款银行(签章)　中国工商银行上海市分行 静安支行业务章 2018.12.20

经济业务(48)

中国工商银行信汇凭证（收账通知或取款收据） 4 No. 40884473

委托日期 2018 年 12 月 17 日

汇款人	全称	浙江宁波百货公司	收款人	全称	信恒保温瓶有限公司	
	账号或住址	宁波市解放南路 729 号 72025131		账号或住址	267－03012345	
	汇出地点	浙江省宁波市县　汇出行名称　市工行二营		汇入地点	—省上海市县　汇入行名称　工行静安支行	
金额	人民币（大写）：柒拾玖万叁仟肆佰肆拾元整				千百十万千百十元角分	¥79344000
汇款用途：货款				留行待取预留收款人印鉴		
上列款项已代进账，如有错误，请持此联来行面洽。 中国工商银行上海市分行静安支行业务章 2018.12.17 汇入行盖章 20 年 月 日		上列款项已照收无误 收款人盖章 20 年 月 日		科目（借） 对方科目（贷） 汇入行解汇日期 20 年 月 日 复核 记账 出纳		

此联给收款人的收账通知或代取款收据

经济业务(49)

上海增值税专用发票

No. 22085706

3100261865　此联不作报销、扣税凭证使用

3100261865
22085706

校验码 21098 76503 11429 80153　　开票日期：2018 年 12 月 21 日

购买方	名称：上海市静安区废品回收公司 纳税人识别号：310910364758010 地址、电话：上海市康定路369号 68100421 开户行及账号：工行徐汇支行华分处 296－34806680				密码区	8－03＋//5＊6297－8＊291＊1371 0＋4－>2713－84698>1/640>2 162＋09<<＊5>15－2%－8//34＋ <＊26＋><30＊8//58127－114＊6	
货物或应税劳务、服务名称	规格型号	单位	数量	单价	金额	税率	税额
电加热烘缸		台	1	5 836.03	5 836.03	16%	933.76
合计					¥5 836.03		¥933.76
价税合计（大写）	⊗陆仟柒佰陆拾玖圆柒角玖分				（小写）¥6 769.79		
销售方	名称：信恒保温瓶有限公司 纳税人识别号：310225511415054 地址、电话：上海市余兴路677号 62567890 开户行及账号：工行静安支行 267－03012345				备注	信恒保温瓶有限公司 310225511415054 发票专用章	

收款人：张敏　复核：　开票人：王开复　销售方：（章）

第一联：记账联 销售方记账凭证

中国工商银行上海市分行支票

支票号码：AB824620

出票日期（大写）：贰零壹捌年拾贰月贰拾壹日　　开户行名称：工行徐汇支行华分处

收款人：信恒保温瓶有限公司　　出票人账号：296－34806680

人民币（大写）	千	百	十	万	千	百	十	元	角	分
陆仟柒佰陆拾玖元柒角玖分				¥	6	7	6	9	7	9

用途 支付收购款

上列款项请从

我账户内支付

出票人签章

上海市静安区废品回收公司财务专用章

吴之胜印

复核

记账

验印

上海增值税普通发票

No. 10085453

3100100197

全国统一发票监制章 上海 国家税务总局监制 发票联

3100100197
10085453

校验码 10378 26950 11792 05239

开票日期：2018 年 12 月 21 日

购买方	名　　称：信恒保温瓶有限公司 纳税人识别号：310225511415054 地 址、电 话：上海市余兴路 677 号　62567890 开户行及账号：工行静安支行　267－03012345	密码区	8－90<4>89180＋6>520/56//＊5 767－162－2＊<0/8/－<<4 ＊54121/622＋4－>0>1＊ 811＊</－786>－987/2－5

货物或应税劳务、服务名称	规格型号	单位	数量	单价	金额	税率	税额
市内公路运费	电加热烘缸	台	1	121.84	121.84	3%	3.66
合计					¥121.84		¥3.66
价税合计（大写）	⊗ 壹佰贰拾伍圆伍角整				（小写）¥125.50		

销售方	名　　称：沪兴运输服务公司 纳税人识别号：310017301291436 地 址、电 话：上海市漕宝南路 3690 号　63054718 开户行及账号：工行徐汇支行漕宝分理处 276－14805720	备注	沪兴运输服务公司 310017301291436 发票专用章

收款人：姚小明　　复核：　　开票人：沈玉敏　　销售方：（章）

第三联：发票联　购买方记账凭证

中国工商银行上海市(　　)进账单(回单)　①

科目：　　2018 年 12 月 21 日　　对方科目：

款项来源	电加热烘缸报废出售	收款人	全　称	信恒保温瓶有限公司
款项种类	票据(分页填写)		账　号	267－03012345

人民币（大写）：陆仟柒佰陆拾玖元柒角玖分

千	百	十	万	千	百	十	元	角	分
			¥	6	7	6	9	7	9

托收票据目录第 1 页	共　页	票据种类	金额							
付款单位账号	凭证号码		十	万	千	百	十	元	角	分
296－34806680	AB824620	支票		¥	6	7	6	9	7	9

（收款银行盖章）

此联由银行盖章后退回单位

注意：（1）解入票据须俟收妥后方可用款（2）本联于款项收妥后代收账通知

经济业务(50)

委托银行收款凭证(付款通知 代收据)　④　专用

托收号码：No. 064089 64894084

委托银行日期 2018 年 12 月 21 日

付款人	全　称	信恒保温瓶有限公司	收款人	全　称	中国电信股份有限公司上海分公司
	账　号	267－03012345		账　号	2546－08489445
	开户银行	工行静安支行		开户银行	工行上海市分行营业处

金额：零佰零拾壹万肆仟壹佰伍拾陆元壹角壹分

千	百	十	万	千	百	十	元	角	分
		¥	1	4	1	5	6	1	1

结算原因	通信费 14 156.11	合同号码	3203FD00	附寄单证张数	

会计分录

(　)______

对方科目(　)______

会计　出纳　复核　记账

上列款项已根据收款单位委托从你单位账户付出：

中国工商银行上海市分行
静安支行业务章 2018.12.21

（付款单位开户银行盖章）

此联是付款单位开户银行给付款单位的付款通知

上海增值税专用发票

No. 18239035

3100161486

发票联

3100161486
18239035

校验码 86001 67139 08167 00081

开票日期：2018 年 12 月 21 日

购买方	名　　称：信恒保温瓶有限公司 纳税人识别号：310225511415054 地 址、电 话：上海市余兴路 677 号　62567890 开户行及账号：工行静安支行　267-03012345	密码区	0-6>520/*>1438*291*1371-0<1 <0/8/-<<4911+78>1/640>2+4* +4->0>1*2491%-8//34+/62-37 ->-987/2-53050127-114*60*20+

货物或应税劳务、服务名称	规格型号	单位	数量	单价	金额	税率	税额
通信费	2018 年 11 月				12 869.19	10%	1 286.92
合　计					¥12 869.19		¥1 286.92
价税合计（大写）	⊗ 壹万肆仟壹佰伍拾陆圆壹角壹分				（小写）¥14 156.11		

销售方	名　　称：中国电信股份有限公司上海分公司 纳税人识别号：310115671143758 地 址、电 话：上海市世纪大道 211 号 38 层　58501800 开户行及账号：工行上海市分行营业处　254-08489445	备注	委托银行收款凭证(付款通知)号码：064089

收款人：　　复核：　　开票人：钱永荷　　销售方：（章）

第三联：发票联　购买方记账凭证

（印章：中国电信股份有限公司上海分公司 310115671143758 发票专用章）

经济业务(51)

信恒保温瓶有限公司
费用报销单

No. 0005528

2018 年 12 月 21 日

姓名	摘要	膳用金额	车费金额	其他费用金额
金　利	联系采购业务的市内交通费。出租车		20.60	
	地铁		3.00	
	公交车		2.00	
	现金付讫			
			25.60	
合计（大写）零佰贰拾伍元陆角零分	合　计	¥25.60		

请详细写明报销内容

第一联　记账联

车间部门 供销科　审核 黄淑华　制单 金　利　收款 金　利

上海安泉出租汽车公司

发票联

发票代码：231001347156

发票号码：00123472

工商登记：注册号 060868600

税务登记：国税沪字 310106200415389

2018 年 12 月 20 日

客车	车号 4839	司机 123	定车时间　　点　　分
上车地点：余兴路			
租车单位：信恒保温瓶有限公司			
时间	上车 8 点 47 分	路码	下车 48482
	下车 9 点 09 分		上车 48447
	等候__小时__分		实用公里 11
车费总额	（大写）零仟零佰贰拾零元陆角零分		￥20.60
下车地点：常熟路			
备注：			上海安泉出租汽车公司收款章

第二联　发票联

地址：石门二路 354 号

电话：62588144

( )No. 0063360

1／2／3／4／5／6／7／8／9／10／11／12／13／14／15／16／17／18／19／20／21／22／23／24／25／26／27／28／29／30／

客　票

上海一电公交公司

贰元

象牌

羊毛衫　衬衫

上海万象(集团)股份有限公司

地址：南京西路 258 号 7 楼　电话：63589888 转

3445136

上海市地铁运营公司

发票代码：231005103601

发票号码：01670346

全国统一发票监制章 上海市(1) 地方税务局监制

定额车票

上海市地铁运营公司财务专用章

6571966

人民币： 叁 元

工商登记号：150078000

国税沪字第 310044100451108 号

世光印有限公司 100×100000 本 G(00000001－10000000)

经济业务(52)

上海增值税专用发票 No. 00335235

全国统一发票监制章 上海 国家税务总局监制 发票联

3100153746

3100153746

00335235

校验码 51147 67013 78041 59267

开票日期：2018 年 12 月 21 日

购买方	名　　称：信恒保温瓶有限公司 纳税人识别号：310225511415054 地 址、电 话：上海市余兴路 677 号　62567890 开户行及账号：工行静安支行　267－03012345	密码区	12＋<1563＋14－17－28＊－<>75 12＊7320－13＊>13/637925＊/< 102477＊－<>077/3/25－＋5 4－16>2/＊522＊2－2>152231>

货物或应税劳务、服务名称	规格型号	单位	数量	单价	金额	税率	税额
电梯维护			1	2 860.00	2 860.00	6%	171.60
合　计					¥2 860.00		¥171.60
价税合计(大写)	⊗ 叁仟零叁拾壹圆陆角整				(小写)¥3 031.60		

销售方	名　　称：上海开达电梯工程公司 纳税人识别号：310231001153746 地 址、电 话：上海市华山南路1239 号 63102311 开户行及账号：上海银行静安分行 04015716745911	备注	上海开达电梯工程公司 310231001153746 发票专用章

收款人：钱小强　　复核：　　开票人：包玉倩　　销售方：(章)

第三联：发票联　购买方记账凭证

中国工商银行上海市分行

支票号码：AE101179

出票日期 2018年12月21日

收款人：开达电梯工程公司

金额：￥3 031.60

用途：日常维护费

中国工商银行上海市分行支票 支票号码：AE101179

出票日期(大写)：贰零壹捌年拾贰月贰拾壹日 开户行名称：工行静安支行

收款人：开达电梯工程公司 出票人账号：267－03012345

人民币(大写)	千	百	十	万	千	百	十	元	角	分
叁仟零叁拾壹元陆角整				￥	3	0	3	1	6	0

用途 日常维护费

上列款项请从

我账户内支付

出票人签章

信恒保温瓶有限公司财务专用章 赵海 亮印

复核 记账 验印

经济业务(53)

上海市事业性单位统一收据

上海市(6) 记账联

发票代码：231008311239

发票号码：03497163

交款单位 信恒保温瓶有限公司 2018年12月21日

交款内容	单位金额	总计金额								备注
		仟	万	千	百	十	元	角	分	
捐赠款		￥	5	0	0	0	0	0	0	支票：AE101180
合计人民币(大写)	伍万元整	￥	5	0	0	0	0	0	0	

第一联 记账联

开票单位(盖章有效) 310826517415084

地址

收款人 张志石

上海市静安区长春小学 财务专用章

税务登记号 310826517415084

开户银行 上海银行虹桥支行

账号 867－08042345

中国工商银行上海市分行

支票号码：AE101180

出票日期：2018年12月21日

收款人：静安区长春小学

金额：￥50 000.00

用途：捐赠

中国工商银行上海市分行支票 支票号码：AE101180

出票日期(大写)：贰零壹捌年拾贰月贰拾壹日 开户行名称：工行静安支行

收款人：静安区长春小学 出票人账号：267－03012345

人民币(大写)	千	百	十	万	千	百	十	元	角	分
伍万元整			￥	5	0	0	0	0	0	0

用途 捐赠

上列款项请从

我账户内支付

出票人签章

信恒保温瓶有限公司财务专用章 赵海 亮印

复核 记账 验印

经济业务(54)

托收号码:

委托银行收款凭证(付款通知)

④专用 No. 109728

21509767

委托日期2018年12月21日

此联是付款单位开户银行给付款单位的付款通知

付款人	全称	信恒保温瓶有限公司	收款人	全称	上海市自来水公司营业所
	账号	267－03012345		账号	254－04684392
	开户银行	工行静安支行		开户银行	工行上海市分行营业部
金额(大写)	柒仟肆佰伍拾玖元贰角陆分			千百十万千百十元角分	￥745926
结算原因	水费		合同号码	109436	附寄单证张数

会计分录

( )

对方科目( )

会计 出纳 复核 记账

上列款项已根据收款单位委托从你单位账户付出:

中国工商银行上海市分行
静安支行业务章 18.12.21

(付款单位开户银行盖章)

上海增值税专用发票

No. 01506975

3100371083

发票联(国家税务总局监制 上海)

3100371083
01506975

校验码 65076 50821 75465 11736

开票日期:2018年12月21日

购买方	名称:信恒保温瓶有限公司 纳税人识别号:310225511415054 地址、电话:上海市余兴路677号 62567890 开户行及账号:工行静安支行 267－03012345	密码区	2－30<41>891380－6>520/56－ 567－4602－2*1<0/8/－<<491 645452>1/62－2+4－>0>1*24 318*</2－786－>－987/2－530

货物或应税劳务、服务名称	规格型号	单位	数量	单价	金额	税率	税额
水费	2018年11月	立方	1 810.5	4.00	7 242.00	3%	217.26
合计					￥7 242.00		￥217.26
价税合计(大写)	⊗柒仟肆佰伍拾玖圆贰角陆分				(小写)￥7 459.26		

销售方	名称:上海市自来水公司营业所 纳税人识别号:310101631656815 地址、电话:上海市广东路1234号 32115500 开户行及账号:工行上海市分行营业部 254－04684392	备注	委托银行收款凭证(付款通知) 号码:109728

(上海市自来水公司营业所 310101631656815 发票专用章)

收款人: 复核: 开票人:汪 峰 销售方:(章)

第三联:发票联 购买方记账凭证

水费分配计算表

年　月

部　门	应借科目	分配比例	金　额
小　计			
应交税费——应交增值税(进项税额)		—	
合　计		—	

经济业务(55)

托收号码：

委托银行收款凭证(付款通知/代收据) ④ 专用

No. 115326

44381096

委托银行日期2018年12月22日

此联是付款单位开户银行给付款单位的付款通知

付款人	全　称	信恒保温瓶有限公司	收款人	全　称	上海市供电局
	账　号	267－03012345		账　号	203－00033348
	开户银行	工行静安支行		开户银行	工行沪太分理处

金额：肆万肆仟壹佰壹拾伍元玖角陆分	千	百	十	万	千	百	十	元	角	分
			¥	4	4	1	1	5	9	6

结算原因	电费	合同号码	690315	附寄单证张数	

会计分录

(　)__________

对方科目(　)__________

会计　出纳　复核　记账

上列款项已根据收款单位委托从你单位账户付出：

中国工商银行上海市分行
静安支行业务章 18.12.22

(付款单位开户银行盖章)

3100408950

上海增值税专用发票

发票联

No. 01614416

3100408950
01614416

校验码 61095 05321 67811 47321

开票日期：2018 年 12 月 22 日

购买方	名　　称：信恒保温瓶有限公司 纳税人识别号：310225511415054 地 址、电 话：上海市余兴路 677 号　62567890 开户行及账号：工行静安支行　267－03012345	密码区	－30<41>81380－6>520/＊>1 67－4602－＊1<0/8/－<<491 45452>1/2－2＋4－>0>1＊24 18＊</2－76－>－987/2－530

货物或应税劳务、服务名称	规格型号	单位	数量	单价	金额	税率	税额
电费	2018 年 11 月	度	52 348	0.726 5	38 031.00	16%	6 084.96
合　计					￥38 031.00		￥6 084.96
价税合计(大写)	⊗ 肆万肆仟壹佰壹拾伍圆玖角陆分				(小写)￥44 115.96		

销售方	名　　称：上海市供电局 纳税人识别号：310201446396011 地 址、电 话：上海市新沪太路 2167 号　33110022 开户行及账号：工行沪太分理处　203－00033348	备注	委托银行收款凭证(付款通知) 号码：115326 上海市供电局 310201446396011 发票专用章

收款人：　　复核：　　开票人：章丽华　　销售方：(章)

第三联：发票联　购买方记账凭证

电费分配计算表

年　　月

部　　门	应 借 科 目	分配比例	金　　额
小　　计			
应交税费——应交增值税(进项税额)		—	
合　　计		—	

经济业务(56)

中国银行上海市(　　410)计收利息清单(付款通知)

账号 410－06833068　　　　2018 年 12 月 21 日

单位名称	信恒保温瓶有限公司	结 算 户	1006833068
计息起讫日期	2018/09/21～2018/12/20		

贷款户账号	计息总积数	利率(月)	利 息 金 额
4100681774501	227 500 000.00	7.65‰	58 012.50

你单位上述应偿借款利息已从你单位账户划出

此 致

借款单位　　(银行盖章)

中国银行上海市分行业务章 2018.12.21

复核　　记账

经济业务(57)

中国工商银行上海市(　　267)计收利息清单(付款通知)

账号 267－03012345　　　　2018 年 12 月 21 日

单位名称	信恒保温瓶有限公司	结 算 户	6703012345
计息起讫日期	2018/09/21～2018/12/20		

贷款户账号	计算总积数	利率(月)	利 息 金 额
2670302257011	91 000 000.00	9.15‰	27 755.00

你单位上述应偿借款利息已从你单位账户划出

此 致

借款单位　　(银行盖章)

中国工商银行上海市分行静安支行业务章 2018.12.21

复核　　记账

中国工商银行上海市(　　267)计收利息清单(付款通知)

账号 267－03012345　　　　2018 年 12 月 21 日

单位名称	信恒保温瓶有限公司	结　算　户	6703012345

计息起讫日期	2018/12/08～2018/12/20

贷款户账号	计算总积数	利率(月)	利　息　金　额
2670302237042	10 400 000.00	9.15‰	3172.00

你单位上述应偿借款利息已从你单位账户划出

此　致

借款单位　　(银行盖章)

中国工商银行上海市分行静安支行业务章 2018.12.21

复核　　记账

经济业务(58)

中国工商银行上海市(　　267)计付利息清单(收款通知)

账号 267－03012345　　　　2018 年 12 月 21 日

单位名称	信恒保温瓶有限公司	结　算　户	6703012345

计息起讫日期	2018/09/21～2018/12/20

存款户账号	计息总积数	利率(月)	利　息　金　额
267－03012345	51 435 428.57	2.625‰	4 500.60

你单位上述存款利息已收入你单位账户

此　致

存款单位　　(银行盖章)

中国工商银行上海市分行静安支行业务章 2018.12.21

复核　　记账

经济业务(59)

中国银行上海市(　　410)计付利息清单(收款通知)

账号 410－06833068　　　　2018 年 12 月 21 日

单位名称	信恒保温瓶有限公司	结　算　户	1006833068

计息起讫日期	2018/09/21～2018/12/20

存款户账号	计息总积数	利率(月)	利　息　金　额
410－06833068	12 311 085.71	2.625‰	1 077.22

你单位上述存款利息
已收入你单位账户
　　此　致
存款单位　　(银行盖章)

中国银行上海市
分行业务章 2018.12.21

复核　　　　记账

经济业务(60)

(流动资金贷款)还款凭证(回　单)　④

原借款凭证
单 位 编 号:　　　　日期:　　年　　月　　日　　原借款凭证银行编号:

付款人	名　　称	同　　右	借款人	名　　称	
	往来户账号			放款户账号	
	开户银行			开户银行	
计划还款日期		年　　月　　日	还款次序	第　　　次还款	
借款金额		人民币: (大写)		千 百 十 万 千 百 十 元 角 分	
还款内容					
备注:			上述借款已从你单位往来账户内转还　此致 借款单位 (银行盖章)　　年　　月　　日		

此联转账后作回单，退借款单位并代往来户支款通知。

经济业务(61)

利通证券公司上海田林西路营业部

利通证券股份有限公司
上海田林西路证券营业部
证券开户交易专业章

交割单[证券买入]

席位号:	46006	打印日期:	2018-12-23
客户名称:	信恒保温瓶有限公司	成交日期:	2018-12-22
股东账号:	A111555789	成交数量:	10 000
资金账号:	012-16688	成交价格:	20.660
期初数量:	70 000	成交金额:	206 600.00
期初金额:	626 322.20	佣金:	411.20
股票余额:	80 000	印花税:	204.60
资金余额:	419 102.40	过户费:	4.00
股票代码:	600101	清算金额:	207 219.80
股票名称:	明星电力	成交时间:	140527

经济业务(62)

信恒保温瓶有限公司
费用报销单

No. 0005529

2018 年 12 月 23 日

请详细写明报销内容

姓名	摘要	膳用金额	车费金额	其他费用金额
朱琴	制壳车间:质量检验表2刀、笔1支、计算器3只。			676.60
	塑料车间:质量检验表4刀、笔4支。			111.52
	装配车间:质量检验表1刀、笔3支、双面胶1卷。			38.05
	增值税进项税额			132.19
		现金付讫		
合计(大写)玖佰伍拾捌元叁角陆分	合计	¥958.36		958.36

第一联 记账联

车间部门 行政管理科　审核 杨荐莲　制单 朱琴　收款 朱琴

经济业务(62)

上海增值税专用发票

上海 国家税务总局监制 发票联

3100160748　　No. 03116546

3100160748
03116546

校验码 18760 15360 98157 23098　　开票日期：2018年12月23日

购买方	名　　称：信恒保温瓶有限公司 纳税人识别号：310225511415054 地址、电话：上海市余兴路677号　62567890 开户行及账号：中国银行上海分行　410-06833068	密码区	>2-30<4>891380-6>520>341 *567-46-2*1<0/8/-<<481 -6452>1/62-2+4->0>1*25 58*</2-786->-987/2-530

货物或应税劳务、服务名称	规格型号	单位	数量	单价	金额	税率	税额
质量检验表	0523	刀	7	24.00	168.00	16%	26.88
计算器	0581	只	3	208.24	624.72	16%	99.96
圆珠笔	0508	支	8	3.88	31.04	16%	4.97
双面胶	0515	卷	1	2.41	2.41	16%	0.38
合　计					¥826.17		¥132.19
价税合计(大写)	⊗玖佰伍拾捌圆叁角陆分				(小写)¥958.36		

销售方	名　　称：上海人民百货公司 纳税人识别号：310019876504261 地址、电话：上海市丽江西路1371号　51261717 开户行及账号：工行上海分行黄埔支行　291-80591414	备注	现金收讫 上海人民百货公司 310019876504261 发票专用章

收款人：韩敏　　复核：　　开票人：郭亮　　销售方：(章)

第三联：发票联　购买方记账凭证

上海增值税专用发票

上海 国家税务总局监制 发票联

3100160748　　No. 03116547

3100160748
03116547

校验码 43278 56017 31445 01782　　开票日期：2018年12月23日

购买方	名　　称：信恒保温瓶有限公司 纳税人识别号：310225511415054 地址、电话：上海市余兴路677号　62567890 开户行及账号：工行静安支行　267-03012345	密码区	9>/1*<>-12*D16>12/33-+ 1*/402-+4*-<>01/5/16 78-12>0/*7-2*4->0>102 3/12+<1*-2+22-1-14*-<2

货物或应税劳务、服务名称	规格型号	单位	数量	单价	金额	税率	税额
劳防手套(耐高温)	1107	双	79	125.00	9 875.00	16%	1 580.00
合　计					¥9 875.00		¥1 580.00
价税合计(大写)	⊗壹万壹仟肆佰伍拾伍圆整				(小写)¥11 455.00		

销售方	名　　称：上海人民百货公司 纳税人识别号：310019876504261 地址、电话：上海市丽江西路1371号　51261717 开户行及账号：工行上海分行黄埔支行　291-80591414	备注	上海人民百货公司 310019876504261 发票专用章

收款人：　　复核：　　开票人：郭亮　　销售方：(章)

第三联：发票联　购买方记账凭证

经济业务(63)

上海增值税专用发票

No. 01754326

3100345671

发票联

3100345671
01754326

校验码 41073 260193 45001 98137

开票日期：2018 年 12 月 23 日

购买方	名　　称：信恒保温瓶有限公司 纳税人识别号：310225511415054 地 址、电 话：上海市余兴路 677 号　62567890 开户行及账号：工行静安支行　267－03012345				密码区	2－30<4>891380－6>520/5 567－462－2*1<0/8/－<<49 6454521/62－2+4－>0>1*2 318*</－786－>－987/2－53		
货物或应税劳务、服务名称	规格型号	单位	数量	单价	金额	税率	税额	
水泥	P-O	吨	4	450.00	1 800.00	16%	288.00	
黄沙	细沙	吨	10	48.00	480.00	16%	76.80	
合计					¥2 280.00		¥364.80	
价税合计(大写)	⊗贰仟陆佰肆拾肆圆捌角整				(小写)¥2 644.80			
销售方	名　　称：上海长虹建材公司 纳税人识别号：310047138562114 地 址、电 话：上海市宜山路 1239 号　64390420 开户行及账号：工行徐汇支行宜分处　252－08311116				备注	上海长虹建材公司 310047138562114 发票专用章		

收款人：王　文　　复核：　　开票人：应小叶　　销售方：(章)

第三联：发票联　购买方记账凭证

中国工商银行上海市分行

支票号码：AE101181

出票日期：2018 年 12 月 23 日

收 款 人：上海长虹建材公司

金　　额：¥2 644.80

用　　途：水泥、黄沙货款

中国工商银行上海市分行支票

支票号码：AE101181

出票日期(大写)：贰零壹捌年拾贰月贰拾叁日　开户行名称：工行静安支行

收款人：上海长虹建材公司　出票人账号：267－03012345

人民币(大写)	千	百	十	万	千	百	十	元	角	分
贰仟陆佰肆拾肆元捌角整					¥	2	6	4	4	8	0

用途水泥、黄沙货款

上列款项请从

我账户内支付

出票人签章

信恒保温瓶有限公司财务专用章　　赵海印亮

复核

记账

验印

经济业务(64)

中国银行上海市分行外汇兑换证明

代收账通知 ①

2018 年 12 月 23 日

账号 410－06833068

户名 信恒保温瓶有限公司

	外汇金额	结汇牌价	人民币金额(入账金额)
购入→	USD 16 737	T 642.20%	￥107 485.01

外汇项目	摘要
	AE－016 已减国外金融机构扣费 USD 63。

复核 王强　　经办 李正刚

经济业务(65)

上海增值税专用发票

3100673452　　[全国统一发票监制章 上海 国家税务总局监制] 发票联　　No. 01208910

3100673452
01208910

校验码 54973 12067 34114 50982　　开票日期：2018 年 12 月 23 日

购买方	名　　称：信恒保温瓶有限公司 纳税人识别号：310225511415054 地 址、电 话：上海市余兴路 677 号 62567890 开户行及账号：中国银行上海分行 410－06833068	密码区	2－30<41>891380－6>520>34 567－4602－2*1<0/8/－<<491 645452>1/62－2+4－>0>1*24 318*</2－786－>－987/2－530

货物或应税劳务、服务名称	规格型号	单位	数量	单价	金额	税率	税额
马口铁	0.24*480－540*C	吨	2	5 760.00	11 520.00	16%	1 843.20
合　计					￥11 520.00		￥1 843.20
价税合计(大写)	⊗ 壹万叁仟叁佰陆拾叁圆贰角整				(小写)￥13 363.20		

销售方	名　　称：上海金属材料公司 纳税人识别号：310128010470331 地 址、电 话：上海市漕宝路 937 号 64758013 开户行及账号：工行闵行支行古分处 216－08014312	备注	[上海金属材料公司 310128010470331 发票专用章]

收款人：张学尤　　复核：　　开票人：马文革　　销售方：(章)

第三联：发票联　购买方记账凭证

收 料 单　　No. 2097244

供货单位：上海金属材料公司

发票号码：3029718　　2018 年 12 月 23 日　　收货仓库：材料仓库

材料类别	名称及规格	计量单位	数量		实际成本		计划成本		差异
			应收	实收	单价	金额	单价	金额	
原材料	马口铁	吨	2	2	5 760	11 520	5 600	11 200	320

记账联

质量检验：王宁　　收料：丁红　　制单：丁红

中国银行上海市分行

支票号码：AT210906

出票日期　　年　　月　　日

收 款 人：

金　　额：

用　　途：

中国银行上海市分行支票　　支票号码：AT210906

出票日期(大写)：　　年　　月　　日　　开户行名称：

收款人：　　出票人账号：

	千	百	十	万	千	百	十	元	角	分
人民币(大写)										

用途

上列款项请从

我账户内支付

出票人签章

复核

记账

验印

经济业务(66)

上海增值税专用发票

No. 05091723

3100100781

发票联

3100100781
05091723

校验码 79011 45097 32108 56340

开票日期：2018 年 12 月 24 日

购买方	名　　称：信恒保温瓶有限公司 纳税人识别号：310225511415054 地 址、电 话：上海市余兴路 677 号　62567890 开户行及账号：工行静安支行　267－03012345	密码区	115*<380-6>520/512++407< +0745<0/8/-<<49*6715//* 65+<<+4->0>1*2095-+68 >>83->-987/2-53//36+->

货物或应税劳务、服务名称	规格型号	单位	数量	单价	金额	税率	税额
机动车辆保险费	2019 年全年			6 072.00	6 072.00	6%	364.32
合　计					¥6 072.00		¥364.32
价税合计(大写)	⊗ 陆仟肆佰叁拾陆圆叁角贰分				(小写)¥6 436.32		

销售方	名　　称：永安保险股份有限公司 纳税人识别号：310101010234151 地 址、电 话：上海市延安西路 2099 号金桥大厦十楼　62192331 开户行及账号：建行长宁支行　507－00125609	备注	保单号：MV0034616 永安保险股份有限公司 310101010234151 保费专用章

收款人：汤华　　复核：　　开票人：袁振华　　销售方：(章)

第三联：发票联　购买方记账凭证

上海增值税专用发票

No. 05091724

3100100781

发票联

3100100781
05091724

校验码 96011 45037 90072 56307

开票日期：2018 年 12 月 24 日

购买方	名　　称：信恒保温瓶有限公司 纳税人识别号：310225511415054 地 址、电 话：上海市余兴路 677 号　62567890 开户行及账号：工行静安支行　267－03012345	密码区	701*//2-30<4>89139*02+> 9><5+567-462-2*165--74* 209-+6454521/62-2<>*508 1*<<9318*</-786-19+50176

货物或应税劳务、服务名称	规格型号	单位	数量	单价	金额	税率	税额
财产保险费	2019 年 1～3月			5 290.53	5 290.53	6%	317.43
合　计					¥5 290.53		¥317.43
价税合计(大写)	⊗ 伍仟陆佰零柒圆玖角陆分				(小写)¥5 607.96		

销售方	名　　称：永安保险股份有限公司 纳税人识别号：310101010234151 地 址、电 话：上海市延安西路 2099 号金桥大厦十楼　62192331 开户行及账号：建行长宁支行　507－00125609	备注	保单号：ZV0041396 永安保险股份有限公司 310101010234151 保费专用章

收款人：汤华　　复核：　　开票人：袁振华　　销售方：(章)

第三联：发票联　购买方记账凭证

永安保险股份有限公司

Ⓜ YONGAN INSURANCE COMPANY LIMITED OF CHINA

中国上海延安西路 2099 号
金桥大厦十楼
电话：021-62192331
传真：021-62193831
保单号：ZV0041396

财 产 保 险 单

PROPERTY INSURANCE POLICY

本公司根据被保险人的要求及其所交付约定的保险费，按本保单所载条款和附加条款以及所列项目，承保财产保险。特立本保险单。

被保险人	信恒保温瓶有限公司
保险财产地址	上海市余兴路 677 号
保险期限	自2019年01月01日中午12时正起至2019年04月01日中午 12 时正止共 3 个月

保险及保险金额 固定资产原值　　RMB 5 719 495.00
总保险金额　人民币伍佰柒拾壹万玖仟肆佰玖拾伍元零角零分　RMB 5 719 495.00
保险费　人民币伍仟贰佰玖拾零元伍角叁分　RMB 5 290.53　年费率：按约定 3.7‰

免赔额

备注 固定资产剔除汽车：310 260 元

永安保险股份有限公司
代理业务专用章

永安保险股份有限公司
YONGAN INSURANCE COMPANY
LIMITED OF CHINA

日期 2018 年 12 月 24 日

签单公司地址及电话上海市延安西路 2099 号金桥大厦十楼　Tel：021-62192331

尤佳

中国工商银行上海市分行

支票号码：AE101182

出票日期：2018 年 12 月 24 日

收 款 人：永安保险股份有限公司

金　　额：￥12 044.28

用　　途：财产、车辆保险费

中国工商银行上海市分行支票　支票号码：AE101182

出票日期(大写)：贰零壹捌年拾贰月贰拾肆日　开户行名称：工行静安支行

收款人：永安保险股份有限公司　出票人账号：267－03012345

人民币(大写)	千	百	十	万	千	百	十	元	角	分
壹万贰仟零肆拾肆元贰角捌分			￥	1	2	0	4	4	2	8

用途财产、车辆保险费

上列款项请从

我账户内支付

出票人签章

信恒保温瓶有限公司财务专用章

赵亮 印 海

复核

记账

验印

经济业务(67)

上海增值税专用发票

3100261865　No. 22085707

此联不作报销、扣税凭证使用

3100261865

22085707

校验码 10786 23508 19061 45037　开票日期：2018 年 12 月 27 日

购买方	名　　称：上海保温容器公司国际贸易部 纳税人识别号：310132804950224 地 址、电 话：上海市富民路 2095 号　62501234 开户行及账号：建行静安支行　507－00001111	密码区	＊6297－38＊291＊1371－03＋/ 13－846＋78>1/640>2＋4－> 5>15－21%－8//34＋/62＋09 0＊8//580127－114＊60＊26＋

货物或应税劳务、服务名称	规格型号	单位	数量	单价	金额	税率	税额
铝壳气压保温瓶	301	只	8 000	35.00	280 000.00	16%	44 800.00
塑壳保温瓶(大号)	203	只	15 800	16.00	252 800.00	16%	40 448.00
塑壳保温瓶(中号)	202	只	12 000	14.00	168 000.00	16%	26 880.00
合　计					￥700 800.00		￥112 128.00
价税合计(大写)	⊗ 捌拾壹万贰仟玖佰贰拾捌圆整				(小写)￥812 928.00		

销售方	名　　称：信恒保温瓶有限公司 纳税人识别号：310225511415054 地 址、电 话：上海市余兴路 677 号　62567890 开户行及账号：工行静安支行　267－03012345	备注	信恒保温瓶有限公司 310225511415054 发票专用章

收款人：张　敏　　复核：　　开票人：王开复　　销售方：(章)

第一联：记账联　销售方记账凭证

中国建设银行上海市分行支票　支票号码：DA324684

出票日期(大写)：贰零壹捌年拾贰月贰拾伍日　开户行名称：建行静安支行

收款人：上海保温容器公司国际贸易部　出票人账号：507－00001111

人民币(大写) 捌拾壹万叁仟伍佰贰拾元整

千	百	十	万	千	百	十	元	角	分
	¥	8	1	3	5	2	0	0	0

用途货款

上列款项请从
我账户内支付
出票人签章

上海百货公司财务专用章 大明

许山印 还

复核
记账
验印

中国工商银行上海市分行

支票号码：AE101183

出票日期：2018 年 12 月 27 日

收 款 人：上海保温容器公司国际贸易部

金　　额：¥592.00

用　　途：退余款

中国工商银行上海市分行支票　支票号码：AE101183

出票日期(大写)：贰零壹捌年拾贰月贰拾柒日　开户行名称：工行静安支行

收款人：上海保温容器公司国际贸易部　出票人账号：267－03012345

人民币(大写) 伍佰玖拾贰元整

千	百	十	万	千	百	十	元	角	分
				¥	5	9	2	0	0

用途退余款

上列款项请从
我账户内支付
出票人签章

信恒保温瓶有限公司财务专用章

赵海亮印

复核
记账
验印

被背书人　信恒保温瓶有限公司	被背书人	被背书人
上海保温容器公司 国际贸易部财务专用章		
背书：日期 *2018* 年 *12* 月 *27* 日	背书：日期　年　月　日	背书：日期　年　月　日

本支票付款期十天，可以流通转让。

中国人民银行上海分行监制督印。

中国工商银行上海市(　　)进账单(回单)　①

科目：　　2018 年 12 月 27 日　　对方科目：

此联由银行盖章后退回单位

款项来源	销货款	收款人	全　称	信恒保温瓶有限公司
款项种类	票据(分页填写)		账　号	267－03012345

人民币：(大写) 捌拾壹万叁仟伍佰贰拾元整

千	百	十	万	千	百	十	元	角	分
	¥	8	1	3	5	2	0	0	0

托收票据目录第 1 页	共　页	票据种类	金额							
付款单位账号	凭证号码		十	万	千	百	十	元	角	分
507－00001111	DA324684	支票	8	1	3	5	2	0	0	0

(收款银行盖章)

注意：(1)解入票据须俟收妥后方可用款
(2)本联于款项收妥后代收账通知

经济业务(68)

中国银行信汇凭证(回　单) 1　　No. 70981411

委托日期　　年　　月　　日

汇款人	全　称		收款人	全　称	
	账　号 或住址			账　号 或住址	
	汇出地点	省　市县　汇出行名称		汇入地点	省　市县　汇出行名称
金额	人民币：(大写)				千 百 十 万 千 百 十 元 角 分

汇款用途：

上列款项已根据委托办理，如需查询，请持此回单来行面洽。

汇出行盖章

年　月　日

单位主管　　会计　　复核　　记账

此联汇出行给汇款人的回单

经济业务(69)

信恒保温瓶有限公司

费用报销单

No. 0005530

2018 年 12 月 24 日

请详细写明报销内容

姓　名	摘　　要	膳用金额	车费金额	其他费用金额
林　玲	购买空白报表 50 套			52 20
	现金付讫			
合计(大写)零佰伍拾贰元贰角零分	合　计			52 20
		¥52.20		

第一联　记账联

车间部门 财务科　审 核 朱茜　制单 林玲　收款 林玲

上海增值税专用发票

No. 01347328

3100812372

发票联（全国统一发票监制章 上海 国家税务总局监制）

3100812372
01347328

校验码 60014 29381 56411 71149

开票日期：2018 年 12 月 27 日

购买方	名　　称：信恒保温瓶有限公司 纳税人识别号：310225511415054 地 址、电 话：上海市余兴路 677 号　62567890 开户行及账号：工行静安支行　267－03012345	密码区	2－30＜4＞89180－6＞520/56＋ 567－462－2＊＜0/8/－＜＜491 6454521/622＋4－＞0＞1＊24 318＊＜/－786＞－987/2－530

货物或应税劳务、服务名称	规格型号	单　位	数　量	单　价	金　额	税　率	税　额
财务报表	有限责任公司	套	50	0.90	45.00	16%	7.20
	现金收讫						
合　计					¥45.00		¥7.20
价税合计(大写)	⊗ 伍拾贰圆贰角整				(小写)¥52.20		

销售方	名　　称：上海延中文具商店 纳税人识别号：310106302014182 地 址、电 话：上海市延安中路 1503 号　65289203 开户行及账号：农行静安支行延办　355－03774355	备注	上海延中文具商店 310106302014182 发票专用章

收款人：潘存芳　复核：　开票人：沙玉华　销售方：(章)

第三联：发票联　购买方记账凭证

经济业务(70)

上海增值税专用发票

发票联

3100156231　　No. 01165812

3100156231
01165812

校验码 56071 89120 76152 61307　　开票日期：2018 年 12 月 27 日

购买方	名　　称：信恒保温瓶有限公司 纳税人识别号：310225511415054 地 址、电 话：上海市余兴路677号　62567890 开户行及账号：工行静安支行　267－03012345			密码区	2－3041>891380－6>52/56 567－602－2*1<0/8/－<491 64542>1/62－2+4－>0>*24 318*/2－786－>－987/2530		
货物或应税劳务、服务名称	规格型号	单位	数量	单价	金额	税率	税额
电动机	TYPEX2	台	12	245.00	2 940.00	16%	470.40
合　计					¥2 940.00		¥470.40
价税合计(大写)	⊗ 叁仟肆佰壹拾圆肆角整				(小写)¥3 410.40		
销售方	名　　称：威力成套设备公司 纳税人识别号：310419400118317 地 址、电 话：上海市柳沙路260号　65430771 开户行及账号：建行平凉分理处　549－01130067			备注	威力成套设备公司 310419400118317 发票专用章		

收款人：陈淑敏　　复核：　　开票人：潘　健　　销售方：(章)

第三联：发票联　购买方记账凭证

中国工商银行上海市分行

支票号码：AE101184

出票日期：2018 年 12 月 27 日

收 款 人：威力成套设备公司

金　　额：¥3 410.40

用　　途：购电动机款

中国工商银行上海市分行支票　支票号码：AE101184

出票日期(大写)：贰零壹捌年拾贰月贰拾柒日　开户行名称：工行静安支行

收款人：威力成套设备公司　　出票人账号：267－03012345

人民币(大写)	千	百	十	万	千	百	十	元	角	分
叁仟肆佰壹拾元肆角整				¥	3	4	1	0	4	0

用途购电动机款

上列款项请从

我账户内支付

出票人签章

信恒保温瓶有限公司财务专用章　　赵海印亮

复核

记账

验印

收 料 单

No. 2097245

供货单位：威力成套设备公司

发票号码：1753047　　2018 年 12 月 27 日　　收货仓库：材料仓库

材料类别	名称及规格	计量单位	数量		实际成本		计划成本		差异
			应收	实收	单价	金额	单价	金额	
低值易耗品	电动机	台	12	12	245	2 940	250	3 000	－60

记账联

质量检验：王宁　　收料：丁红　　制单：丁红

上海信恒保温瓶有限公司
SHANGHAI XINHENG THERMOS LIMITED COMPANY

余兴路 677 号
677 YU XING ROAD
上海　　中国
Shanghai China

发票代码
Invoice Code 231000075123

金狮贸易公司	电传：86-21-64390011　电话：62567890	发票号码
JIN SHI TRAPING COMPANY	FAX：86-21-64390011　TEL：62567890	Invoice Number 98B02002
海德大街 218 号		订单或合约号码
218 HYDE ROAD	发　票	Sales Confirmation No. AE－017
新加坡		发票日期
SINGAPORE	INVOICE	Date of InvoiceDEC. 28. 2018

装船口岸 From　上海 SHANGHAI　　目的地 To　新加坡 SINGAPORE

信用证号码 Letter of Credit No.　LC0021－10557　　开证银行 Issued by　新加坡利华德信用储蓄有限公司 LEAWORD TRUST AND BANKING CO. LTD. SINGAPORE

唛头号码 Marks & Numbers	数量与货品名称 Quantities and Description	总　值 Amount
		FOB SHANGHAI
 No. 36—5	塑壳保温瓶(小号)： PLASTICS－CASED THERMOS BOTTLE(S)： 24 000 只　单价 1.20 美元/只 24 000 PCS.　USD1.20/PC. 24 000 只 保温瓶装于黄河号船上 24 000PCS. OF HUANGHE BOAT 24 000 只 保温瓶装入 600 只纸板箱 24 000 PCS. IN 600 CARTON CASES	USD 28 800.00

信恒保温瓶有限公司
310225511415054
发票专用章

上海信恒保温瓶有限公司
SHANGHAI XINHENG THERMOS LIMITED COMPANY

经济业务(72)

上海增值税专用发票

3100100781　　No. 10080972

发票联

3100100781
10080972

校验码 39621 06785 14370 11912　　开票日期：2018 年 12 月 28 日

购买方	名　　称：信恒保温瓶有限公司 纳税人识别号：310225511415054 地 址、电 话：上海市余兴路677号　62567890 开户行及账号：工行静安支行　267-03012345	密码区	18+<1032+10-18-21*-<>97 17*4438-10*>17/624633*/< 102576*-<>079/8/33-+7 4-41>3/*625*5-4>1133>0>

货物或应税劳务、服务名称	规格型号	单位	数量	单价	金额	税率	税额
横式广告	RT-203		1	53 900.00	53 900.00	6%	3 234.00
合计					￥53 900.00		￥3 234.00
价税合计(大写)	⊗伍万柒仟壹佰叁拾肆圆整				(小写)￥57 134.00		

销售方	名　　称：上海美奥广告公司 纳税人识别号：310044101432161 地 址、电 话：上海市武定路100号　63501234 开户行及账号：农行闸北营业部　3348-11043761539	备注	上海美奥广告公司 310044101432161 发票专用章

收款人：陈丽雅　　复核：　　开票人：赵志石　　销售方：(章)

第三联：发票联　购买方记账凭证

中国工商银行上海市分行

支票号码：AE101185

出票日期：2018 年 12 月 28 日

收 款 人：美奥广告公司

金　　额：￥57 134.00

用　　途：付广告费

中国工商银行上海市分行支票

支票号码：AE101185

出票日期(大写)：贰零壹捌年拾贰月贰拾捌日　开户行名称：工行静安支行

收款人：美奥广告公司　　出票人账号：267-03012345

人民币(大写)	千	百	十	万	千	百	十	元	角	分
伍万柒仟壹佰叁拾肆元整			￥	5	7	1	3	4	0	0

用途付广告费

上列款项请从

我账户内支付

出票人签章

信恒保温瓶有限公司财务专用章　　赵海印　亮

复核

记账

验印

经济业务(73)

ICBC 中国工商银行

日期:2018 年 12 月 29 日　　　　业务回单

回单编号:10100767101

付款人户名:信恒保温瓶有限公司　　　　付款人开户行:工行上海分行静安支行

付款人账号:267-03012345　　　　收款人开户行:

收款人户名:

收款人账号(卡号):

金额:壹佰捌拾叁元伍角整　　　　小写:183.50 元

业务(产品)种类:中间业务　　凭证种类:000000000　　凭证号码:000000000000000000

摘要:手续费、邮费　　用途:　　币种:人民币

交易机构:0100102345　　记账柜员:11426　　交易代码:08329　　渠道:中间业务后台方式

费用名称:手续费

应收金额:178.50　　实收金额:178.50　　收费渠道:柜面

中国工商银行上海市分行
静安支行业务章 2018.12.29

费用名称:邮费

应收金额:5.00　　实收金额:5.00　　收费渠道:柜面

本回单为第 1 次打印,注意重复　　打印日期:2018 年 12 月 29 日　　打印柜员:8　　验证码:000691EEE008

经济业务(74)

房屋、设备折旧及摊销计算汇总表

2018 年 12 月

用途	固定资产类别	使用车间、部门或单位	上月计提 原值	上月计提 折旧(摊销)额	上月增加原值	本月增加折旧(摊销)额	上月减少原值	本月减少折旧(摊销)额	本月计提 原值	本月计提 折旧(摊销)额
自用	房屋及建筑物	制壳	289 887.50	662.60					289 887.50	662.60
		塑料	576 975.00	1 318.80					576 975.00	1 318.80
		装配	124 950.00	285.60					124 950.00	285.60
		机修	46 375.00	106.00					46 375.00	106.00
		行政	1 345 312.50	3 075.00					1 345 312.50	3 075.00
		小计	2 383 500.00	5 448.00					2 383 500.00	5 448.00
	生产设备	制壳	659 250.00	5 274.00			78 090	624.72	581 160.00	4 649.28
		塑料	1 202 745.00	9 621.96	57 500	460	24 000	192.00	1 236 245.00	9 889.96
		装配	116 850.00	934.80					116 850.00	934.80
		机修	109 500.00	876.00					109 500.00	876.00
		小计	2 088 345.00	16 706.76	57 500	460	102 090	816.72	2 043 755.00	16 350.04
	管理设备	行政	621 850.00	9 949.60					621 850.00	9 949.60
	运输工具	行政	310 260.00	4 964.16					310 260.00	4 964.16
	合计		5 403 955.00	37 068.52	57 500	460	102 090	816.72	5 359 365.00	36 711.80
出租	房屋及建筑物	泰山证券	625 800.00	1 430.40					625 800.00	1 430.40
	合计		625 800.00	1 430.40					625 800.00	1 430.40

经济业务(77)

信恒保温瓶有限公司财产物资盘盈盘亏报告单

类别：存货　　　　2018 年 12 月 17 日

名称	规格	单位	单价	账面数		清点数		盘盈		盘亏		备注
				数量	金额	数量	金额	数量	金额	数量	金额	
瓶胆	大号	只	5.00	24 742	123 710	24 670	123 350			72	360	
稀释剂		千克	10.00	1 015	10 150	1 012	10 120			3	30	
合计	×	×	×	×	133 860	×	133 470	×		×	390	

原因分析：	审批意见：
系搬运途中损耗	批准转入管理费用。 生产副经理　孙永平 2016 年 12 月 26 日

第二联

单位(盖章) 信恒保温瓶有限公司 财务专用章　　财务科负责人：朱茜　　制表：王庆成

经济业务(78)

上海增值税专用发票

3100216162　　发票联　　No. 03961463

全国统一发票监制章 上海 国家税务总局监制

3100216162
03961463

校验码 70169 23400 57819 62047　　开票日期：2018 年 12 月 30 日

购买方	名称：信恒保温瓶有限公司 纳税人识别号：310225511415054 地址、电话：上海市余兴路 677 号　62567890 开户行及账号：工行静安支行　267－03012345	密码区	>2－30<41>89134580－6>520/56 +567－4602－2＊1－1<0/8/－<<4 /645452>1/62－26+4－>0>1＊ 0318＊</2－786－+>－987/2－5

货物或应税劳务、服务名称	规格型号	单位	数量	单价	金额	税率	税额
众信大厦 A 楼第 18 层					420 000.00	10%	42 000.00
合计					¥420 000.00		¥42 000.00
价税合计(大写)	⊗ 肆拾陆万贰仟圆整				(小写)¥462 000.00		

销售方	名称：立信股份有限公司 纳税人识别号：310104520881172 地址、电话：上海市零陵路 583 号　43966000 开户行及账号：建行上海分行徐汇支行 055122－00239022110	备注	已付清全部房款 立信股份有限公司 310104520881172 发票专用章

收款人：　　复核：　　开票人：邹波　　销售方：(章)

第三联：发票联　购买方记账凭证

中国工商银行上海市分行

支票号码：AE101186

出票日期：2018 年 12 月 30 日

收 款 人：立信股份有限公司

金　 额：￥462 000.00

用　 途：购职工健身房款

中国工商银行上海市分行支票 支票号码：AE101186

出票日期(大写)：贰零壹捌年拾贰月叁拾日 开户行名称：工行静安支行

收款人：立信股份有限公司 出票人账号：267－03012345

人民币(大写)	肆拾陆万贰仟元整	千	百	十	万	千	百	十	元	角	分
			￥	4	6	2	0	0	0	0	0

用途购职工健身房款

上列款项请从

我账户内支付

出票人签章

信恒保温瓶有限公司财务专用章

亮赵印海

复核

记账

验印

经济业务(79)

上海增值税普通发票

No. 00447495

3100103566

发票联

3100103566

00447495

校验码 24596 16053 77483 25106 开票日期：2018 年 12 月 30 日

购买方	名　　称：信恒保温瓶有限公司 纳税人识别号：310225511415054 地 址、电 话：上海市余兴路 677 号　62567890 开户行及账号：工行静安支行　267－03012345	密码区	//－30<41>8138<<0－6>520/＊> 7067－4602－＊19－<0/8/－<<49 <－45452>1/2－245＋4－>0>1＊2 7＊18＊</2－76－1＋>－987/2－53

货物或应税劳务、服务名称	规格型号	单 位	数 量	单 价	金 额	税 率	税 额
电热台板	AE1－09	块	3	85.50	256.50	3%	7.70
合 计					￥256.50		￥7.70
价税合计(大写)	⊗贰佰陆拾肆圆贰角整				(小写)￥264.20		

销售方	名　　称：上海市第九百货商店股份有限公司 纳税人识别号：310231002713862 地 址、电 话：上海市斜土路 621 号　47471662 开户行及账号：农行黄浦支行　318－64531009	备注	上海市第九百货商店股份有限公司 310231002713862 发票专用章

收款人：周惠芬　　复核：　　开票人：马坚强　　销售方：(章)

第三联：发票联 购买方记账凭证

信恒保温瓶有限公司

费用报销单

No. 0005531

2018 年 12 月 30 日

姓名	摘要	膳用金额	车费金额	其他费用金额
吴刚	为供销科购买电热台板三块			264 20
		现金付讫		
合计(大写)贰佰陆拾肆元贰角零分	合计	¥264.20		264 20

请详细写明报销内容

第一联 记账联

车间部门供销科　审核黄淑华　制单吴刚　收款吴刚

经济业务(80)

上海增值税普通发票

No. 01099824

3100189303

发票联

3100189303
01099824

校验码 30167 62190 51123 87162

开票日期：2018 年 12 月 30 日

购买方	名称：信恒保温瓶有限公司 纳税人识别号：310225511415054 地址、电话：上海市余兴路677号　62567890 开户行及账号：工行静安支行　267－03012345	密码区	21+<2208+07－25－18＊－<> 15＊1865－13＊>23/39702＊/< 102472＊－<>091/6/14－+797 4－21>1/＊633＊4－4>180119>

货物或应税劳务、服务名称	规格型号	单位	数量	单价	金额	税率	税额
餐费				16 194.92	16 194.92	6%	971.69
合计					¥16 194.92		¥971.69
价税合计(大写)	⊗壹万柒仟壹佰陆拾陆圆陆角壹分				(小写)¥17 166.61		

销售方	名称：上海信隆饭店 纳税人识别号：310752718910034 地址、电话：上海市成都路624号三楼 62562033－114 开户行及账号：建行静办马分处　211－06722858	备注	上海信隆饭店 310752718910034 发票专用章

收款人：　复核：　开票人：王小雅　销售方：(章)

第三联：发票联　购买方记账凭证

经济业务(81)

上海增值税专用发票

发票联

3100200507　　No. 01458972

3100200507
01458972

校验码 19801 25507 31578 66918　　开票日期：2018 年 12 月 30 日

购买方	名　　称：信恒保温瓶有限公司 纳税人识别号：310225511415054 地 址、电 话：上海市余兴路 677 号　62567890 开户行及账号：工行静安支行　267-03012345	密码区	15+<0825+21-17-16*-<> 17*4658-09*>18/27665*/< 102471*-<>083/5/21-+993 3-22>3/*623*4-2>150027>

货物或应税劳务、服务名称	规格型号	单位	数量	单价	金额	税率	税额
注塑机维修		台	1	7 875.00	7 875.00	16%	1 260.00
合　计					￥7 875.00		￥1 260.00
价税合计(大写)	⊗ 玖仟壹佰叁拾伍圆整				(小写)￥9 135.00		

销售方	名　　称：光明机械设备有限公司 纳税人识别号：310010203047686 地 址、电 话：上海市鸿兴路 1256 号　64932017 开户行及账号：上海银行闵行分行　04012902356828	备注	合同号：016935 合同总价 14935 元， 已收 5800 元。

收款人：　　复核：　　开票人：王小毛　　销售方：(章)

光明机械设备有限公司 310010203047686 发票专用章

第三联：发票联　购买方记账凭证

经济业务(82)

中国银行
银行汇票　2

付款期限
壹 个 月

ⅢⅪ00448988
第　　号

出票日期(大写)　贰零壹捌年拾贰月叁拾日　　代理付款行：中国银行上海分行　　行号：410

收款人：余姚金属制品厂	账号：801-0056-48
出票金额 人民币(大写) ~~肆万元整~~	
实际结算金额 人民币(大写)	千 百 十 万 千 百 十 元 角 分

申请人：信恒保温瓶有限公司　　账号或住址：410-06833068

出票行：中国银行上海分行

备　注：货款

凭票付款　中国银行上海市分行 业务章 2018.12.30

出票行签章

多余金额	科目(借)……
千 百 十 万 千 百 十 元 角 分	对方科目(贷)……
	兑付日期：　年　月　日
	复核　　记账

此联代理付款行付款后作联行往账借方凭证附件

中国银行

付款期限 壹个月

银行汇票(解讫通知) 3

ⅢⅪ00448988

第 号

出票日期（大写） 贰零壹捌年拾贰月叁拾日

代理付款行:中国银行上海分行 行号:410

收款人:余姚金属制品厂 账号:801－0056－48

出票金额 人民币（大写） 肆万元整

实际结算金额 人民币（大写）	千	百	十	万	千	百	十	元	角	分

申请人:信恒保温瓶有限公司 账号或住址: 410－06833068

出票行:中国银行上海分行

备 注:货款

代理付款行盖章 中国银行上海市分行 业务章 2018.12.30

复核 经办

多余金额									
千	百	十	万	千	百	十	元	角	分

科目(贷)……………

对方科目(借)……………

转账日期 年 月 日

复核 记账

此联代理付款行兑付后随报单寄出票行，由出票行作多余款贷方凭证

中国银行汇票委托书(存 根)① No. 51685368

委托日期 年 月 日

汇款人			收款人	
账号或住址			账号或住址	
兑付地点	省 市县	兑付行	汇款用途	

汇款金额 人民币（大写）	千	百	十	万	千	百	十	元	角	分

备注:

科目……………

对方科目……………

财务主管: 复核: 经办:

此联由汇款人留存作记账凭证

经济业务(83)

上海增值税专用发票

全国统一发票监制章 上海 国家税务总局监制

发票联

3100505613　　　　No. 01098796

3100505613
01098796

校验码 48176 01582 47351 97315　　　　开票日期：2018 年 12 月 30 日

购买方
名　　称：信恒保温瓶有限公司
纳税人识别号：310225511415054
地 址、电 话：上海市余兴路 677 号　62567890
开户行及账号：工行静安支行　267－03012345

密码区
17+<1288+23-11-18*-<>
13*3922-16*>15/66792*/<
102477*-<>088/7/31-+8+
4-23>3/*713*2-4>135436>

货物或应税劳务、服务名称	规格型号	单　位	数　量	单　价	金　额	税　率	税　额
顾问费	2018 年 12 月	月	1	12 400.00	12 400.00	6%	744.00
合　计					￥12 400.00		￥744.00
价税合计(大写)	⊗ 壹万叁仟壹佰肆拾肆圆整				(小写)￥13 144.00		

销售方
名　　称：上海市大公律师事务所
纳税人识别号：310105012379124
地 址、电 话：上海市万明园路 763 号　43051719
开户行及账号：工行长宁支行　259－45071982

备注

上海市大公律师事务所 310105012379124 发票专用章

收款人：顾文龙　　复核：　　开票人：王亚男　　销售方：(章)

第三联：发票联　购买方记账凭证

中国工商银行上海市分行

支票号码：AE101187

出票日期：2018 年 12 月 30 日

收 款 人：上海市大公律师事务所

金　　额：￥13 144.00

用　　途：法律顾问费

中国工商银行上海市分行支票

支票号码：AE101187

出票日期(大写)：贰零壹捌年拾贰月叁拾日　　开户行名称：工行静安支行

收款人：上海市大公律师事务所　　出票人账号：267－03012345

人民币(大写)	千	百	十	万	千	百	十	元	角	分
壹万叁仟壹佰肆拾肆元整			￥	1	3	1	4	4	0	0

用途 法律顾问费

上列款项请从

我账户内支付

出票人签章

信恒保温瓶有限公司财务专用章

赵海印　亮

复核

记账

验印

经济业务(84)

委托加工材料出库单

No. 0037491

加工单位上海铝材厂

加工合同号 020167　　2018 年 12 月 18 日　　发料仓库材料仓库

材料类别	名称及规格	计量单位	数量	计划单价	金额	收回材料名称
原材料	铝锭	吨	6.4	13 500	86 400	铝片

记账联

仓库主管：刘元　　发料人：王红　　领料部门主管：徐雁南　　领料人：姚澄

委托加工材料出库单

No. 00037492

加工单位上海新丰铝制品厂

加工合同号 020168　　2018 年 12 月 28 日　　发料仓库材料仓库

材料类别	名称及规格	计量单位	数量	计划单价	金额	收回材料名称
原材料	铝锭	吨	2.4	13 500	32 400	铝配件

记账联

仓库主管：刘元　　发料人：王红　　领料部门主管：徐雁南　　领料人：姚澄

领　料　单

No. 0048214

领料部门制壳车间　　2018 年 12 月 1 日　　发料仓库材料仓库

材料类别	名称及规格	计量单位	数量		计划单价	金额	用途
			请领	实领			
原材料	铝　片	吨	3	2.5	20 000	50 000	铝壳
	马口铁	吨	2	1.5	5 600	8 400	铁壳
合　计		吨	5	4	×	58 400	×

记账联

仓库主管：刘元　　发料人：王红　　领料部门主管：张迪　　领料人：江海

领 料 单

No. 0048215

领料部门制壳车间　　2018 年12 月1 日　　发料仓库材料仓库

材料类别	名称及规格	计量单位	数量		计划单价	金额	用途
			请领	实领			
辅助材料	漆	千克	1 000	1 000	12	12 000	铝壳
	漆	千克	240	240	12	2 880	铁壳
	稀释剂	千克	200	200	10	2 000	铝壳
	稀释剂	千克	60	60	10	600	铁壳
合　计		千克	1 500	1 500	×	17 480	×

记账联

仓库主管：刘元　　发料人：王红　　领料部门主管：张迪　　领料人：江海

领 料 单

No. 0048216

领料部门塑料车间　　2018 年12 月1 日　　发料仓库材料仓库

材料类别	名称及规格	计量单位	数量		计划单价	金额	用途
			请领	实领			
原材料	塑料粒子	吨	6	6	10 000	60 000	塑壳
	塑料粒子	吨	5	5	10 000	50 000	塑配件
	塑料粒子	吨	6	6	10 000	60 000	气压塑配件
合　计		吨	17	17	10 000	170 000	×

记账联

仓库主管：刘元　　发料人：王红　　领料部门主管：沈亚男　　领料人：韩津

领 料 单

No. 0048217

领料部门装配车间　　2018年12月1日　　发料仓库材料仓库

材料类别	名称及规格	计量单位	数量		计划单价	金额	用途
			请领	实领			
原材料	瓶胆（大）	只	9 000	9 000	5	45 000	铝壳瓶
	瓶胆（大）	只	7 000	7 000	5	35 000	塑壳瓶（大）
	瓶胆（中）	只	7 500	7 500	4	30 000	塑壳瓶（中）
	瓶胆（小）	只	9 000	9 000	3	27 000	塑壳瓶（小）
合计		只	32 500	32 500	×	137 000	×

记账联

仓库主管：刘元　　发料人：王红　　领料部门主管：严力君　　领料人：李林

领 料 单

No. 0048218

领料部门装配车间　　2018年12月1日　　发料仓库材料仓库

材料类别	名称及规格	计量单位	数量		计划单价	金额	用途
			请领	实领			
辅助材料	不锈钢吸管	支	6 000	6 000	0.65	3 900	铝壳瓶
	黑铁托盘	只	6 000	6 000	0.85	5 100	铝壳瓶
合计		×	×	×	×	9 000	×

记账联

仓库主管：刘元　　发料人：王红　　领料部门主管：严力君　　领料人：李林

领　料　单

No. 0048219

领料部门装配车间　　2018年12月1日　　发料仓库材料仓库

材料类别	名称及规格	计量单位	数量		计划单价	金额	用　途
			请领	实领			
辅助材料	口圈	只	7 000	7 000	0.20	1 400	铝壳瓶
	口圈	只	6 000	6 000	0.20	1 200	塑壳瓶(大)
	口圈	只	6 000	6 000	0.20	1 200	塑壳瓶(中)
	口圈	只	6 000	6 000	0.20	1 200	塑壳瓶(小)
合　计		只	25 000	25 000	0.20	5 000	×

记账联

仓库主管：刘元　　发料人：王红　　领料部门主管：严力君　　领料人：李林

领　料　单

No. 0048220

领料部门装配车间　　2018年12月1日　　发料仓库材料仓库

材料类别	名称及规格	计量单位	数量		计划单价	金额	用　途
			请领	实领			
辅助材料	底垫	只	7 000	7 000	0.15	1 050	铝壳瓶
	底垫	只	6 000	6 000	0.15	900	塑壳瓶(大)
	底垫	只	6 000	6 000	0.15	900	塑壳瓶(中)
	底垫	只	6 000	6 000	0.15	900	塑壳瓶(小)
合　计		只	25 000	25 000	0.15	3 750	×

记账联

仓库主管：刘元　　发料人：王红　　领料部门主管：严力君　　领料人：李林

领 料 单

No. 0048221

领料部门装配车间　　2018 年12 月1 日　　发料仓库材料仓库

材料类别	名称及规格	计量单位	数量		计划单价	金额	用途
			请领	实领			
辅助材料	纸盒	只	9 000	9 000	1.60	14 400	铝壳瓶
	纸箱	只	700	700	6.00	4 200	塑壳瓶(大)
	纸箱	只	600	600	6.00	3 600	塑壳瓶(中)
	纸箱	只	750	750	6.00	4 500	塑壳瓶(小)
合　计		只	11 050	11 050	×	26 700	×

记账联

仓库主管：刘元　　发料人：王红　　领料部门主　管：严力君　　领料人：李林

领 料 单

No. 0048222

领料部门装配车间　　2018 年12 月7 日　　发料仓库材料仓库

材料类别	名称及规格	计量单位	数量		计划单价	金额	用途
			请领	实领			
辅助材料	口圈	只	5 000	5 000	0.20	1 000	铝壳瓶
	口圈	只	3 000	3 000	0.20	600	塑壳瓶(大)
	口圈	只	3 000	3 000	0.20	600	塑壳瓶(中)
	口圈	只	4 000	4 000	0.20	800	塑壳瓶(小)
合　计		只	15 000	15 000	0.20	3 000	×

记账联

仓库主管：刘元　　发料人：王红　　领料部门主　管：严力君　　领料人：李林

领　料　单

No. 0048223

领料部门装配车间　　2018年12月7日　　发料仓库材料仓库

材料类别	名称及规格	计量单位	数量		计划单价	金额	用　途
			请领	实领			
辅助材料	底垫	只	5 000	5 000	0.15	750	铝壳瓶
	底垫	只	3 000	3 000	0.15	450	塑壳瓶(大)
	底垫	只	3 000	3 000	0.15	450	塑壳瓶(中)
	底垫	只	4 000	4 000	0.15	600	塑壳瓶(小)
合　计		只	15 000	15 000	0.15	2 250	×

记账联

仓库主管：刘元　　发料人：王红　　领料部门主管：严力君　　领料人：李林

领　料　单

No. 0048224

领料部门塑料车间　　2018年12月7日　　发料仓库材料仓库

材料类别	名称及规格	计量单位	数量		计划单价	金额	用　途
			请领	实领			
原材料	塑料粒子	吨	3	3	10 000	30 000	塑壳
	塑料粒子	吨	2	2	10 000	20 000	塑配件
	塑料粒子	吨	6	6	10 000	60 000	气压塑配件
合　计		吨	11	11	10 000	110 000	×

记账联

仓库主管：刘元　　发料人：王红　　领料部门主管：沈亚男　　领料人：韩津

领　料　单

No. 0048225

领料部门装配车间　　2018年12月7日　　发料仓库材料仓库

材料类别	名称及规格	计量单位	数量		计划单价	金额	用途
			请领	实领			
原材料	瓶胆(大)	只	6 500	6 500	5	32 500	铝壳瓶
	瓶胆(大)	只	2 000	2 000	5	10 000	铁壳瓶
	瓶胆(大)	只	4 000	4 000	5	20 000	塑壳瓶(大)
	瓶胆(中)	只	5 500	5 500	4	22 000	塑壳瓶(中)
	瓶胆(小)	只	6 000	6 000	3	18 000	塑壳瓶(小)
合　计		只	24 000	24 000	×	102 500	×

记账联

仓库主管：刘元　　发料人：王红　　领料部门主管：严力君　　领料人：李林

领　料　单

No. 0048226

领料部门装配车间　　2018年12月7日　　发料仓库材料仓库

材料类别	名称及规格	计量单位	数量		计划单价	金额	用途
			请领	实领			
辅助材料	不锈钢吸管	支	4 000	4 000	0.65	2 600	铝壳瓶
	黑铁托盘	只	4 000	4 000	0.85	3 400	铝壳瓶
合　计		×	×	×	×	6 000	×

记账联

仓库主管：刘元　　发料人：王红　　领料部门主管：严力君　　领料人：李林

领　料　单

No. 0048227

领料部门制壳车间　　　2018 年 12 月 8 日　　　发料仓库材料仓库

材料类别	名称及规格	计量单位	数量		计划单价	金额	用途
			请领	实领			
原材料	铝片	吨	2.5	2.5	20 000	50 000	铝壳
	马口铁	吨	1	1	5 600	5 600	铁壳
合　计		吨	3.5	3.5	×	55 600	×

记账联

仓库主管：刘元　　发料人：王红　　领料部门主管：张迪　　领料人：江海

领　料　单

No. 0048228

领料部门制壳车间　　　2018 年 12 月 8 日　　　发料仓库材料仓库

材料类别	名称及规格	计量单位	数量		计划单价	金额	用途
			请领	实领			
辅助材料	漆	千克	800	800	12	9 600	铝壳
	漆	千克	200	200	12	2 400	铁壳
	稀释剂	千克	240	240	10	2 400	铝壳
	稀释剂	千克	50	50	10	500	铁壳
合　计		千克	1 290	1 290	×	14 900	×

记账联

仓库主管：刘元　　发料人：王红　　领料部门主管：张迪　　领料人：江海

领 料 单

No. 0048229

领料部门装配车间　　2018年12月8日　　发料仓库材料仓库

材料类别	名称及规格	计量单位	数量		计划单价	金额	用途
			请领	实领			
辅助材料	纸盒	只	8 000	8 000	1.60	12 800	铝壳瓶
	纸箱	只	350	350	6.00	2 100	铁壳瓶
	纸箱	只	600	600	6.00	3 600	塑壳瓶(大)
	纸箱	只	500	500	6.00	3 000	塑壳瓶(中)
	纸箱	只	600	600	6.00	3 600	塑壳瓶(小)
合计		只	10 050	10 050	×	25 100	×

记账联

仓库主管：刘元　　发料人：王红　　领料部门主管：严力君　　领料人：李林

领 料 单

No. 0048230

领料部门机修车间　　2018年12月8日　　发料仓库材料仓库

材料类别	名称及规格	计量单位	数量		计划单价	金额	用途
			请领	实领			
辅助材料	机油	升	60	60	9	540	修理
	螺丝圆钉	盒	2	2	100	200	修理
合计		×	×	×	×	740	×

记账联

仓库主管：刘元　　发料人：王红　　领料部门主管：洪智明　　领料人：陈娟

领　料　单

No. 0048231

领料部门装配车间　　　　2018 年 12 月 10 日　　　　发料仓库材料仓库

材料类别	名称及规格	计量单位	数量		计划单价	金额	用途
			请领	实领			
原材料	铝配件	套	4 000	4 000	3.80	15 200	铁壳瓶
合计		套	4 000	4 000	3.80	15 200	×

记账联

仓库主管：刘元　　发料人：王红　　领料部门主管：严力君　　领料人：李林

领　料　单

No. 0048232

领料部门装配车间　　　　2018 年 12 月 10 日　　　　发料仓库材料仓库

材料类别	名称及规格	计量单位	数量		计划单价	金额	用途
			请领	实领			
辅助材料	口圈	只	10 000	10 000	0.20	2 000	铝壳瓶
	口圈	只	6 000	6 000	0.20	1 200	铁壳瓶
	口圈	只	8 000	8 000	0.20	1 600	塑壳瓶(大)
	口圈	只	8 000	8 000	0.20	1 600	塑壳瓶(中)
	口圈	只	8 500	8 500	0.20	1 700	塑壳瓶(小)
合计		只	40 500	40 500	0.20	8 100	×

记账联

仓库主管：刘元　　发料人：王红　　领料部门主管：严力君　　领料人：李林

领 料 单

No. 0048233

领料部门装配车间　　2018 年 12 月 10 日　　发料仓库材料仓库

材料类别	名称及规格	计量单位	数量		计划单价	金额	用途
			请领	实领			
辅助材料	底垫	只	10 000	10 000	0.15	1 500	铝壳瓶
	底垫	只	6 000	6 000	0.15	900	铁壳瓶
	底垫	只	8 000	8 000	0.15	1 200	塑壳瓶(大)
	底垫	只	8 000	8 000	0.15	1 200	塑壳瓶(中)
	底垫	只	8 500	8 500	0.15	1 275	塑壳瓶(小)
合计		只	40 500	40 500	0.15	6 075	×

记账联

仓库主管：刘元　　发料人：王红　　领料部门主管：严力君　　领料人：李林

领 料 单

No. 0048234

领料部门装配车间　　2018 年 12 月 14 日　　发料仓库材料仓库

材料类别	名称及规格	计量单位	数量		计划单价	金额	用途
			请领	实领			
原材料	瓶胆(大)	只	7 000	7 000	5	35 000	铝壳瓶
	瓶胆(大)	只	4 000	4 000	5	20 000	铁壳瓶
	瓶胆(大)	只	4 300	4 300	5	21 500	塑壳瓶(大)
	瓶胆(中)	只	2 500	2 500	4	10 000	塑壳瓶(中)
	瓶胆(小)	只	3 600	3 600	3	10 800	塑壳瓶(小)
合计		只	21 400	21 400	×	97 300	×

记账联

仓库主管：刘元　　发料人：王红　　领料部门主管：严力君　　领料人：李林

领 料 单

No. 0048235

领料部门装配车间　　2018 年 12 月 14 日　　发料仓库材料仓库

材料类别	名称及规格	计量单位	数量		计划单价	金额	用途
			请领	实领			
辅助材料	不锈钢吸管	支	10 000	10 000	0.65	6 500	铝壳瓶
	黑铁托盘	只	10 000	10 000	0.85	8 500	铝壳瓶
合计		×	×	×	×	15 000	×

记账联

仓库主管：刘元　　发料人：王红　　领料部门主管：严力君　　领料人：李林

领 料 单

No. 0048236

领料部门装配车间　　2018 年 12 月 15 日　　发料仓库材料仓库

材料类别	名称及规格	计量单位	数量		计划单价	金额	用途
			请领	实领			
原材料	铝配件	套	3 000	3 000	3.80	11 400	铁壳瓶
合计		套	3 000	3 000	3.80	11 400	×

记账联

仓库主管：刘元　　发料人：王红　　领料部门主管：严力君　　领料人：李林

领 料 单

No. 0048237

领料部门装配车间　　2018 年12 月15 日　　发料仓库材料仓库

材料类别	名称及规格	计量单位	数量		计划单价	金额	用途
			请领	实领			
辅助材料	纸盒	只	5 000	5 000	1.60	8 000	铝壳瓶
	纸箱	只	300	300	6.00	1 800	铁壳瓶
	纸箱	只	300	300	6.00	1 800	塑壳瓶(大)
	纸箱	只	350	350	6.00	2 100	塑壳瓶(中)
	纸箱	只	300	300	6.00	1 800	塑壳瓶(小)
合　计		只	6 250	6 250	×	15 500	×

记账联

仓库主管：刘元　　发料人：王红　　领料部门主管：严力君　　领料人：李林

领 料 单

No. 0048238

领料部门制壳车间　　2018 年12 月16 日　　发料仓库材料仓库

材料类别	名称及规格	计量单位	数量		计划单价	金额	用途
			请领	实领			
原材料	铝片	吨	1.6	1.6	20 000	32 000	铝壳
	马口铁	吨	0.5	0.38	5 600	2 128	铁壳
合　计		吨	2.1	1.98	×	34 128	×

记账联

仓库主管：刘元　　发料人：王红　　领料部门主管：张迪　　领料人：江海

领 料 单

No. 0048239

领料部门制壳车间　　2018 年 12 月 16 日　　发料仓库材料仓库

材料类别	名称及规格	计量单位	数量		计划单价	金额	用途
			请领	实领			
辅助材料	漆	千克	500	500	12	6 000	铝壳
	漆	千克	100	100	12	1 200	铁壳
	稀释剂	千克	100	100	10	1 000	铝壳
	稀释剂	千克	25	25	10	250	铁壳
合计		千克	725	725	×	8 450	×

记账联

仓库主管：刘元　　发料人：王红　　领料部门主管：张迪　　领料人：江海

领 料 单

No. 0048240

领料部门机修车间　　2018 年 12 月 16 日　　发料仓库材料仓库

材料类别	名称及规格	计量单位	数量		计划单价	金额	用途
			请领	实领			
低值易耗品	电动机	台	4	4	250	1 000	修理
合计		台	4	4	250	1 000	×

记账联

仓库主管：刘元　　发料人：王红　　领料部门主管：洪智明　　领料人：陈娟

领　料　单

No. 0048241

领料部门制壳车间　　2018年12月17日　　发料仓库材料仓库

材料类别	名称及规格	计量单位	数量		计划单价	金额	用　途
			请领	实领			
低值易耗品	安全钳	把	40	30	10	300	生产工具
合　计		把	40	30	10	300	×

记账联

仓库主管：刘元　　发料人：王红　　领料部门主　管：张迪　　领料人：江海

领　料　单

No. 0048242

领料部门塑料车间　　2018年12月17日　　发料仓库材料仓库

材料类别	名称及规格	计量单位	数量		计划单价	金额	用　途
			请领	实领			
原材料	塑料粒子	吨	3	3	10 000	30 000	塑壳
	塑料粒子	吨	2	2	10 000	20 000	塑配件
	塑料粒子	吨	4	4	10 000	40 000	气压塑配件
合　计		吨	9	9	10 000	90 000	×

记账联

仓库主管：刘元　　发料人：王红　　领料部门主　管：沈亚男　　领料人：韩津

领 料 单

No. 0048243

领料部门塑料车间　　2018年12月17日　　发料仓库材料仓库

材料类别	名称及规格	计量单位	数量		计划单价	金额	用途
			请领	实领			
低值易耗品	修边刀	把	65	65	8	520	生产工具
合计		把	65	65	8	520	×

记账联

仓库主管：刘元　　发料人：王红　　领料部门主管：沈亚男　　领料人：韩津

领 料 单

No. 0048244

领料部门装配车间　　2018年12月17日　　发料仓库材料仓库

材料类别	名称及规格	计量单位	数量		计划单价	金额	用途
			请领	实领			
低值易耗品	压力表	只	4	4	500	2 000	生产工具
	扳手	把	20	20	15	300	生产工具
合计		×	×	×	×	2 300	×

记账联

仓库主管：刘元　　发料人：王红　　领料部门主管：严力君　　领料人：李林

领　料　单

No. 0048245

领料部门装配车间　　2018年12月21日　　发料仓库材料仓库

材料类别	名称及规格	计量单位	数量		计划单价	金额	用途
			请领	实领			
原材料	铝配件	套	3 000	2 670	3.80	10 146	铁壳瓶
合　计		套	3 000	2 670	3.80	10 146	×

仓库主管：刘元　　发料人：王红　　领料部门主管：严力君　　领料人：李林

记账联

领　料　单

No. 0048246

领料部门装配车间　　2018年12月21日　　发料仓库材料仓库

材料类别	名称及规格	计量单位	数量		计划单价	金额	用途
			请领	实领			
辅助材料	纸盒	只	4 000	4 000	1.60	6 400	铝壳瓶
	纸箱	只	150	150	6.00	900	铁壳瓶
	纸箱	只	160	160	6.00	960	塑壳瓶(大)
	纸箱	只	150	140	6.00	840	塑壳瓶(中)
	纸箱	只	260	260	6.00	1 560	塑壳瓶(小)
合　计		只	4 720	4 710	×	10 660	×

仓库主管：刘元　　发料人：王红　　领料部门主管：严力君　　领料人：李林

记账联

领料单

No. 0048247

领料部门装配车间　　2018年12月22日　　发料仓库材料仓库

材料类别	名称及规格	计量单位	数量		计划单价	金额	用途
			请领	实领			
原材料	瓶胆(大)	只	4 500	4 500	5	22 500	铝壳瓶
	瓶胆(大)	只	4 000	3 760	5	18 800	铁壳瓶
	瓶胆(大)	只	3 000	3 000	5	15 000	塑壳瓶(大)
	瓶胆(中)	只	2 500	2 500	4	10 000	塑壳瓶(中)
	瓶胆(小)	只	3 000	3 000	3	9 000	塑壳瓶(小)
合计		只	17 000	16 760	×	75 300	×

记账联

仓库主管：刘元　　发料人：王红　　领料部门主管：严力君　　领料人：李林

领料单

No. 0048248

领料部门装配车间　　2018年12月22日　　发料仓库材料仓库

材料类别	名称及规格	计量单位	数量		计划单价	金额	用途
			请领	实领			
辅助材料	口圈	只	8 000	7 750	0.20	1 550	铝壳瓶
	口圈	只	3 750	3 750	0.20	750	铁壳瓶
	口圈	只	5 000	4 950	0.20	990	塑壳瓶(大)
	口圈	只	3 000	2 950	0.20	590	塑壳瓶(中)
	口圈	只	5 550	5 550	0.20	1 110	塑壳瓶(小)
合计		只	25 300	24 950	0.20	4 990	×

记账联

仓库主管：刘元　　发料人：王红　　领料部门主管：严力君　　领料人：李林

领　料　单

No. 0048249

领料部门装配车间　　2018年12月22日　　发料仓库材料仓库

材料类别	名称及规格	计量单位	数量		计划单价	金额	用途
			请领	实领			
辅助材料	底垫	只	7 600	7 600	0.15	1 140	铝壳瓶
	底垫	只	3 740	3 740	0.15	561	铁壳瓶
	底垫	只	5 000	5 000	0.15	750	塑壳瓶(大)
	底垫	只	2 980	2 980	0.15	447	塑壳瓶(中)
	底垫	只	5 600	5 540	0.15	831	塑壳瓶(小)
合　计		只	24 920	24 860	0.15	3 729	×

记账联

仓库主管：刘元　　发料人：王红　　领料部门主管：严力君　　领料人：李林

领　料　单

No. 0048250

领料部门行政管理部门　　2018年12月22日　　发料仓库材料仓库

材料类别	名称及规格	计量单位	数量		计划单价	金额	用途
			请领	实领			
辅助材料	汽油	升	750	710	2	1 420	厂部轿车
合　计		升	750	710	2	1 420	×

记账联

仓库主管：刘元　　发料人：王红　　领料部门主管：葛跃明　　领料人：毛晓峰

领　料　单

No. 0048251

领料部门制壳车间　　2018年12月23日　　发料仓库材料仓库

材料类别	名称及规格	计量单位	数量		计划单价	金额	用途
			请领	实领			
辅助材料	漆	千克	450	450	12	5 400	铝壳
	漆	千克	120	120	12	1 440	铁壳
	稀释剂	千克	144	144	10	1 440	铝壳
	稀释剂	千克	35	31	10	310	铁壳
合　计		千克	749	745	×	8 590	×

记账联

仓库主管：刘元　　发料人：王红　　领料部门主　管：张迪　　领料人：江海

领　料　单

No. 0048252

领料部门塑料车间　　2018年12月28日　　发料仓库材料仓库

材料类别	名称及规格	计量单位	数量		计划单价	金额	用途
			请领	实领			
原材料	塑料粒子	吨	3	3	10 000	30 000	塑壳
	塑料粒子	吨	2	2	10 000	20 000	塑配件
	塑料粒子	吨	3	3	10 000	30 000	气压塑配件
合　计		吨	8	8	10 000	80 000	×

记账联

仓库主管：刘元　　发料人：王红　　领料部门主　管：沈亚男　　领料人：韩津

领 料 单

No. 0048253

领料部门装配车间　　2018 年 12 月 24 日　　发料仓库材料仓库

材料类别	名称及规格	计量单位	数量		计划单价	金额	用途
			请领	实领			
辅助材料	不锈钢吸管	支	9 800	9 800	0.65	6 370	铝壳瓶
	黑铁托盘	只	9 800	9 800	0.85	8 330	铝壳瓶
合计		×	×	×	×	14 700	×

记账联

仓库主管：刘元　　发料人：王红　　领料部门主管：严力君　　领料人：李林

领 料 单

No. 0048254

领料部门装配车间　　2018 年 12 月 27 日　　发料仓库材料仓库

材料类别	名称及规格	计量单位	数量		计划单价	金额	用途
			请领	实领			
原材料	瓶胆(大)	只	4 200	4 200	5	21 000	铝壳瓶
	瓶胆(大)	只	4 000	3 860	5	19 300	塑壳瓶(大)
	瓶胆(中)	只	2 100	2 060	4	8 240	塑壳瓶(中)
	瓶胆(小)	只	2 600	2 600	3	7 800	塑壳瓶(小)
合计		只	12 900	12 720	×	56 340	×

记账联

仓库主管：刘元　　发料人：王红　　领料部门主管：严力君　　领料人：李林

领 料 单

No. 0048255

领料部门装配车间　　2018年12月28日　　发料仓库材料仓库

材料类别	名称及规格	计量单位	数量		计划单价	金额	用途
			请领	实领			
辅助材料	纸盒	只	3 500	3 500	1.60	5 600	铝壳瓶
	纸箱	只	100	100	6.00	600	塑壳瓶(大)
	纸箱	只	100	100	6.00	600	塑壳瓶(中)
	纸箱	只	130	111	6.00	666	塑壳瓶(小)
合计		只	3 830	3 811	×	7 466	×

记账联

仓库主管：刘元　　发料人：王红　　领料部门主管：严力君　　领料人：李林

退 料 单

No. 0197531

退料部门塑料车间　　2018年12月31日　　收料仓库材料仓库

材料用途	退料类别及名称	计量单位	退料数量		计划单价	金额
			真退	假退		
塑壳	原材料——塑料粒子	吨		0.735	10 000	7 350
塑配件	原材料——塑料粒子	吨		0.365	10 000	3 650
气压塑配件	原材料——塑料粒子	吨		0.940	10 000	9 400
合计		吨		2.04	10 000	20 400

记账联

仓库主管：刘元　　收料人：王红　　退料部门主管：沈亚男　　退料人：韩津

材料、低值易耗品成本差异率计算表

年　　月

材料类别	月初结存差异(1)	本月收料差异(2)	月初结存计划成本(3)	本月收料计划成本(4)	差异分配率 $=\frac{(1)+(2)}{(3)+(4)}$
铝材类					
铝配件					
马口铁					
塑料粒子					
瓶胆类					
辅助材料类					
低值易耗品					

经济业务(86)

塑壳类产品成本计算表

年　　月　　　　车间 塑料

项　　目	产量	系数	标准产量	主要材料	工资薪酬	制造费用	总成本	单位成本
月初在产品		×	×					×
本月生产费用		×	×					×
累　计		×						×
分 配 率	×	×	×				×	×
完工产品		×						×
其中：大号								
中号								
小号								
月末在产品		×						×

塑配件类产品成本计算表

年　月　　　　车间<u>塑料</u>

项　目	产量	系数	标准产量	主要材料	工资薪酬	制造费用	总成本	单位成本
月初在产品		×	×					×
本月生产费用		×	×					×
累　计		×						×
分配率	×	×	×				×	×
完工产品		×						×
其中：大号								
中号								
小号								
月末在产品		×						×

产品成本计算表

产品<u>塑壳保温瓶（大号）</u>　　　　年　月　　　　车间<u>装配</u>

项　目	自制半成品（塑壳、塑配件）	瓶胆	辅助材料	工资薪酬	制造费用		合　计
月初在产品（定额成本）							
本月生产费用							
累　计							
月末在产品（定额成本）							
完工总成本（产量：　只）							
单位成本							

产品成本计算表

产品塑壳保温瓶(中号)　　　　年　　月　　　　车间 装配

项　　目	自制半成品（塑壳、塑配件）	瓶胆	辅助材料	工资薪酬	制造费用		合　计
月初在产品（定额成本）							
本月生产费用							
累　　计							
月末在产品（定额成本）							
完工总成本（产量：　　只）							
单位成本							

产品成本计算表

产品塑壳保温瓶(小号)　　　　年　　月　　　　车间 装配

项　　目	自制半成品（塑壳、塑配件）	瓶胆	辅助材料	工资薪酬	制造费用		合　计
月初在产品（定额成本）							
本月生产费用							
累　　计							
月末在产品（定额成本）							
完工总成本（产量：　　只）							
单位成本							

经济业务(87)

应付职工薪酬汇总分配计算表

年　月

部门	账户	产品、劳务	生产工时(小时)	应付职工薪酬汇总：发放工资	应付职工薪酬汇总：企业承担的各项保险费、经费等	应付职工薪酬汇总：其他薪酬	应付职工薪酬汇总：合计	应付职工薪酬分配：分配率	应付职工薪酬分配：分配额
制壳车间	生产成本	铝壳		×	×	×	×		
		铁壳		×	×	×	×		
		小计							
	制造费用							×	×
塑料车间	生产成本	塑壳		×	×	×	×		
		塑配件		×	×	×	×		
		气压塑配件		×	×	×	×		
		小计							
	制造费用							×	×
装配车间	生产成本	塑壳(大)		×	×	×	×		
		塑壳(中)		×	×	×	×		
		塑壳(小)		×	×	×	×		
		铁壳		×	×	×	×		
		铝壳		×	×	×	×		
		小计							
	制造费用							×	×
机修车间	生产成本	机修						×	×
行政部门	管理费用							×	×
总计								×	×

注：分配给各部门的金额合计与分配总额之间的计算误差，计入管理费用；各部门内部的分配误差，计入该部门最后一个分配对象。

经济业务(88)

辅助生产成本分配表

车间机修　　　　　　　　　年　　月

受益部门或项目	修理安装工时	分配率	分配额
制壳车间			
塑料车间			
装配车间			
行政管理部门			
小　计			
自建仓库工程			
合　计			

经济业务(89)

制壳车间制造费用分配表

年　　月

项　目	定额工时	制造费用	
		分配率	金额
合　计			

塑料车间制造费用分配表

年　月

项　目	定额工时	制造费用	
		分配率	金额
合　计			

装配车间制造费用分配表

年　月

项　目	定额工时	制造费用	
		分配率	金额
合　计			

经济业务(90)

铝壳期末在产品定额成本计算表

车间制壳　　　　2018年12月　　　　金额单位：元

产品加工步骤	计量单位	数量	主要材料		辅助材料		定额工时		工资薪酬		制造费用		合计	
			单价	金额	单价	金额	单件	小计	单价	金额	单价	金额	单价	金额
1. 裁坯	片	600	4.60	2 760.00	×	×	0.02	12	0.15	90	0.08	48.00	4.83	2 898.00
2. 制筒	只	300	4.60	1 380.00	×	×	0.04	12	0.30	90	0.16	48.00	5.06	1 518.00
3. 喷漆														
底漆	只	450	4.60	2 070.00	0.51	229.50	0.06	27	0.45	202.50	0.24	108.00	5.80	2 610.00
喷漆	只	450	4.60	2 070.00	1.20	540.00	0.20	90	1.50	675.00	0.80	360.00	8.10	3 645.00
罩光漆	只	600	4.60	2 760.00	1.30	780.00	0.22	132	1.65	990.00	0.88	528.00	8.43	5 058.00
合计	×	2 400	×	11 040.00	×	1 549.50	×	273	×	2 047.50	×	1 092.00	×	15 729.00

铁壳期末在产品定额成本计算表

车间制壳　　　　2018年12月　　　　金额单位：元

产品加工步骤	计量单位	数量	主要材料		辅助材料		定额工时		工资薪酬		制造费用		合计	
			单价	金额	单价	金额	单件	小计	单价	金额	单价	金额	单价	金额
1. 裁坯	片	750	1.80	1 350.00	×	×	0.02	15.00	0.15	112.50	0.08	60.00	2.03	1 522.50
2. 制筒	只	300	1.80	540.00	×	×	0.04	12.00	0.30	90.00	0.16	48.00	2.26	678.00
3. 喷漆														
底漆	只	300	1.80	540.00	0.35	105.00	0.06	18.00	0.45	135.00	0.24	72.00	2.84	852.00
喷漆	只	300	1.80	540.00	0.90	270.00	0.18	54.00	1.35	405.00	0.72	216.00	4.77	1 431.00
罩光漆	只	450	1.80	810.00	1.00	450.00	0.20	90.00	1.50	675.00	0.80	360.00	5.10	2 295.00
合计	×	2 100	×	3 780.00	×	825.00	×	189.00	×	1 417.50	×	756.00	×	6 778.50

产品成本计算表

产品铝壳　　　　2018 年12 月　　　　车间制壳

项　目	主要材料	辅助材料	工资薪酬	制造费用	定额工时	合　计
月初在产品（定额成本）	10 120.00	1 234.50	1 717.50	916.00	229	13 988.00
本月生产费用	133 161.60	37 848.00	47 392.80	27 949.60	6 076	246 352.00
累　计	143 281.60	39 082.50	49 110.30	28 865.60	6 305	260 340.00
月末在产品（定额成本）	11 040.00	1 549.50	2 047.50	1 092.00	273	15 729.00
完工总成本（产量:27 500 只）	132 241.60	37 533.00	47 062.80	27 773.60	6 032	244 611.00
单位成本	4.81	1.36	1.71	1.01	0.22	8.89

产品成本计算表

产品铁壳　　　　2018 年12 月　　　　车间制壳

项　目	主要材料	辅助材料	工资薪酬	制造费用	定额工时	合　计
月初在产品（定额成本）	3 420.00	675.00	1 267.50	676.00	167	6 038.50
本月生产费用	16 450.56	9 101.00	14 180.40	8 362.80	1 818	48 094.76
累　计	19 870.56	9 776.00	15 447.90	9 038.80	1 985	54 133.26
月末在产品（定额成本）	3 780.00	825.00	1 417.50	756.00	189	6 778.50
完工总成本（产量:9 000 只）	16 090.56	8 951.00	14 030.40	8 282.80	1 796	47 354.76
单位成本	1.79	0.99	1.56	0.92	0.20	5.26

产品成本计算表

产品气压式塑配件　　2018年12月　　车间塑料

项目	产量(套)	主要材料	工资薪酬	制造费用	合计
月初在产品	12 000	76 285.52	26 000.00	12 400.00	114 685.52
本月生产费用	28 000	171 714.48	53 200.00	30 800.00	255 714.48
累计	40 000	248 000.00	79 200.00	43 200.00	370 400.00
单位成本	×	6.20	1.98	1.08	9.26
完工总成本	29 000	179 800.00	57 420.00	31 320.00	268 540.00
月末在产品（完工:100%）	11 000	68 200.00	21 780.00	11 880.00	101 860.00

自制半成品发出成本计算表

半成品塑壳(大号)　　年　月　　计量单位:

月初			本月收入			本月合计			本月发出			月末		
数量	单价	金额	数量	单价	金额	数量	单价	金额	数量	单价	金额	数量	单价	金额

自制半成品发出成本计算表

半成品塑壳(中号)　　年　月　　计量单位:

月初			本月收入			本月合计			本月发出			月末		
数量	单价	金额	数量	单价	金额	数量	单价	金额	数量	单价	金额	数量	单价	金额

自制半成品发出成本计算表

半成品塑配件(大号)　　年　月　　计量单位:

月初			本月收入			本月合计			本月发出			月末		
数量	单价	金额	数量	单价	金额	数量	单价	金额	数量	单价	金额	数量	单价	金额

自制半成品发出成本计算表

半成品塑配件(中号)　　　　　　年　　月　　　　　　计量单位：

月初			本月收入			本月合计			本月发出			月末		
数量	单价	金额	数量	单价	金额	数量	单价	金额	数量	单价	金额	数量	单价	金额

经济业务(91)

自制半成品发出成本计算表

半成品铝壳　　　　　　2018 年 12 月　　　　　　计量单位：只

月初			本月收入			本月合计			本月发出			月末		
数量	单价	金额	数量	单价	金额	数量	单价	金额	数量	单价	金额	数量	单价	金额
8 220	8.83	72 582.60	27 500	8.89	244 611.00	35 720	8.88	317 193.60	29 800	8.88	264 624.00	5 920	8.88	52 569.60

自制半成品发出成本计算表

半成品铁壳　　　　　　2018 年 12 月　　　　　　计量单位：只

月初			本月收入			本月合计			本月发出			月末		
数量	单价	金额	数量	单价	金额	数量	单价	金额	数量	单价	金额	数量	单价	金额
3 492	5.22	18 228.24	9 000	5.26	47 354.76	12.492	5.25	65 583.00	9 700	5.25	50 925.00	2 792	5.25	14 658.00

自制半成品发出成本计算表

半成品气压塑配件　　　　　　2018 年 12 月　　　　　　计量单位：套

月初			本月收入			本月合计			本月发出			月末		
数量	单价	金额	数量	单价	金额	数量	单价	金额	数量	单价	金额	数量	单价	金额
7 250	9.36	67 860.00	29 000	9.26	268 540.00	36 250	9.28	336 400.00	29 850	9.28	277 008.00	6 400	9.28	59 392.00

自制半成品发出成本计算表

半成品塑壳(小号)　　2018年12月　　计量单位：只

月初			本月收入			本月合计			本月发出			月末		
数量	单价	金额	数量	单价	金额	数量	单价	金额	数量	单价	金额	数量	单价	金额
7 160	2.19	15 680.40	17 900	2.12	37 948.00	25 060	2.14	53 628.40	23 970	2.14	51 295.80	1 090	2.14	2 332.60

自制半成品发出成本计算表

半成品塑配件(小号)　　2018年12月　　计量单位：套

月初			本月收入			本月合计			本月发出			月末		
数量	单价	金额	数量	单价	金额	数量	单价	金额	数量	单价	金额	数量	单价	金额
7 950	1.80	14 310.00	19 875	1.73	34 383.75	27 825	1.75	48 693.75	23 980	1.75	41 965.00	3 845	1.75	6 728.75

经济业务(92)

铝壳气压保温瓶期末在产品定额成本计算表(只计材料费)

车间装配　　2018年12月　　金额单位：元

成本项目	材料或半成品	数量	单位定额成本	定额成本合计
自制半成品	铝壳	500	9.00	4 500.00
	气压塑配件	600	9.50	5 700.00
	小计	×	×	10 200.00
瓶胆	瓶胆	400	5.00	2 000.00
辅助材料	不锈钢吸管	490	0.65	318.50
	黑铁托盘	550	0.85	467.50
	口圈	450	0.20	90.00
	底垫	390	0.15	58.50
	小计	×	×	934.50
合计		×	×	13 134.50

铁壳保温瓶期末在产品定额成本计算表(只计材料费)

车间装配　　　　2018年12月　　　　金额单位：元

成本项目	材料或半成品	数量	单位定额成本	定额成本合计
自制半成品	铁壳	400	5.20	2 080.00
发外加工	铝配件	380	3.80	1 444.00
瓶胆	瓶胆	360	5.00	1 800.00
辅助材料	口圈	440	0.20	88.00
	底垫	420	0.15	63.00
	小计	×	×	151.00
合计		×	×	5 475.00

塑壳保温瓶期末在产品定额成本计算表(只计材料费)

车间装配　　　　2018年12月　　　　金额单位：元

成本项目	材料或半成品	塑壳保温瓶(大)			塑壳保温瓶(中)			塑壳保温瓶(小)		
		数量	单价	定额成本	数量	单价	定额成本	数量	单价	定额成本
自制半成品	塑壳	100	2.70	270.00	80	2.40	192.00	60	2.00	120.00
	塑配件	50	2.20	110.00	80	2.00	160.00	40	1.80	72.00
	小计	×	×	380.00	×	×	352.00	×	×	192.00
瓶胆	瓶胆	69	5.00	345.00	75	4.00	300.00	50	3.00	150.00
辅助材料	口圈	80	0.20	16.00	60	0.20	12.00	80	0.20	16.00
	底垫	80	0.15	12.00	60	0.15	9.00	80	0.15	12.00
	小计	×	×	28.00	×	×	21.00	×	×	28.00
合计		×	×	753.00	×	×	673.00	×	×	370.00

产品成本计算表

产品铝壳气压保温瓶　　2018年12月　　车间装配

项　　目	自制半成品（铝壳、气压塑配件）	瓶胆	辅助材料	工资薪酬	制造费用	合　计
月初在产品（定额成本）	6 950	1 500	697	0	0	9 147
本月生产费用	541 632	160 680	97 175.50	29 820	5 112	834 419.50
累　　计	548 582	162 180	97 872.50	29 820	5 112	843 566.50
月末在产品（定额成本）	10 200	2 000	934.50	0	0	13 134.50
完工总成本（产量:29 650 只）	538 382	160 180	96 938	29 820	5 112	830 432
单位成本	18.16	5.40	3.27	1.01	0.17	28.01

产品成本计算表

产品铁壳保温瓶　　2018年12月　　车间装配

项　　目	自制半成品（铁壳）	委外加工（铝配件）	瓶胆	辅助材料	工资薪酬	制造费用	合　计
月初在产品（定额成本）	1 560	1 178	1 500	100	0	0	4 338
本月生产费用	50 925	38 583.30	50 264	7 800.45	6 048	1 036.80	154 657.55
累　　计	52 485	39 761.30	51 764	7 900.45	6 048	1 036.80	158 995.55
月末在产品（定额成本）	2 080	1 444	1 800	151	0	0	5 475
完工总成本（产量：9 600 只）	50 405	38 317.30	49 964	7 749.45	6 048	1 036.80	153 520.55
单位成本	5.25	3.99	5.20	0.81	0.63	0.11	15.99

产成品收、发、存月报表

年　月

产品名称	计量单位	期初余额			本期完工			本期销售			期末余额		
		数量	单价	金额	数量	单价	金额	数量	单价	金额	数量	单价	金额
铝壳气压保温瓶	只												
铁壳保温瓶	只												
塑壳保温瓶(大)	只												
塑壳保温瓶(中)	只												
塑壳保温瓶(小)	只												
合　计	×	×	×		×	×		×	×		×	×	

经济业务(94)(见增值税纳税申报表)

经济业务(96)

税金及附加计算表

年　　月

项　　目		金　额
当期内销产品销售额(包括税法上视同销售的产品公允价值)	①	
内销产品销项税额	②=①×16%	
当期实际收到房屋租金	③	
出租房屋销项税额	④=③×10%	
当期销项税额合计	⑤=②+④	
进项税额	⑥	
进项税额转出	⑦	
应纳增值税额	⑧=⑤-⑥+⑦	
应纳城市维护建设税额	⑨=⑧×7%	
应交教育费附加	⑩=⑧×3%	
当期税金及附加额	⑪=⑨+⑩	

经济业务(103)

中华人民共和国企业所得税年度纳税申报表(A类)

税款所属期间：2018年1月1日至2018年12月31日

纳税人名称：信恒保温瓶有限公司

纳税人识别号：3 1 0 2 2 5 5 1 1 4 1 5 0 5 4　　　　金额单位：元(列至角分)

行次	类别	项　　目	金　额
1	利润总额计算	一、营业收入(填写A101010\101020\103000)	25 606 199.71
2		减：营业成本(填写A102010\102020\103000)	19 833 893.60
3		减：税金及附加	302 112.17
4		减：销售费用(填写A104000)	1 286 780.00
5		减：管理费用(填写A104000)	2 690 517.57
6		减：研发费用	
7		减：财务费用(填写A104000)	284 805.14
8		减：资产减值损失	62 300.00
9		减：信用减值损失	281 277.36
10		加：其他收益	
11		加：投资收益	456 328.95
12		加：净敞口套期收益	

（续表）

行次	类别	项　　　目	金　额
13	利润总额计算	加:公允价值变动收益	242 465.00
14		加:资产处置收益	－5 386.04
15		二、营业利润(1－2－3－4－5－6－7－8－9＋10＋11＋12＋13＋14)	1 557 921.78
16		加:营业外收入(填写 A101010\101020\103000)	2 360.32
17		减:营业外支出(填写 A102010\102020\103000)	52 088.00
18		三、利润总额(15＋16－17)	1 508 194.10
19	应纳税所得额计算	减:境外所得(填写 A108010)	
20		加:纳税调整增加额(填写 A105000)	439 342.22
21		减:纳税调整减少额(填写 A105000)	479 147.55
22		减:免税、减计收入及加计扣除(填写 A107010)	
23		加:境外应税所得抵减境内亏损(填写 A108000)	
24		四、纳税调整后所得(18－19＋20－21－22＋23)	1 468 388.77
25		减:所得减免(填写 A107020)	
26		减:弥补以前年度亏损(填写 A106000)	
27		减:抵扣应纳税所得额(填写 A107030)	
28		五、应纳税所得额(24－25－26－27)	1 468 388.77
29	应纳税额计算	税率(25%)	25.00%
30		六、应纳所得税额(28×29)	367 097.19
31		减:减免所得税额(填写 A107040)	
32		减:抵免所得税额(填写 A107050)	
33		七、应纳税额(30－31－32)	367 097.19
34		加:境外所得应纳所得税额(填写 A108000)	
35		减:境外所得抵免所得税额(填写 A108000)	
36		八、实际应纳所得税额(33＋34－35)	367 097.19
37		减:本年累计实际已缴纳的所得税额	275 133.29
38		九、本年应补(退)所得税额(36－37)	91 963.90
39		其中:总机构分摊本年应补(退)所得税额(填写 A109000)	
40		财政集中分配本年应补(退)所得税额(填写 A109000)	
41		总机构主体生产经营部门分摊本年应补(退)所得税额(填写 A109000)	

八、编制及分析年度财务报表的有关资料

本部分提供的资料主要包括利润表各项目 1～11 月份的累计发生额，资产负债表各项目的年初数（已填入资产负债表的“期初余额”栏内），以及现金流量表各项目 1～11 月累计发生额。除此之外，还应根据对 12 月份发生经济业务所作的账务处理。

（一）现金流量表各项目 1～11 月累计发生额

现金流量表台账

账页名称：经营活动现金流入

2018 年		凭证号码	摘 要	金 额	明 细 项 目		
月	日				销售商品、提供劳务	税费返还	其 他
11	30		本年累计	24 857 510.11	24 253 365.18		604 144.93

现金流量表台账

账页名称：投资活动现金流入

2018年		凭证号码	摘要	金额	明细项目			
月	日				收回投资	取得投资收益	处置长期资产净额	其他
11	30		本年累计	2 051 405.70	1 913 215.70	120 000	18 190	

现金流量表台账

账页名称：投资活动现金流出

2018年		凭证号码	摘要	金额	明细项目		
月	日				购建长期资产	对外投资	其他
11	30		本年累计	3 603 436.80	260 225	3 343 211.80	

现金流量表台账

账页名称：筹资活动现金流入

2018年		凭证号码	摘要	金额	明细项目	
月	日				取得借款	其他
11	30		本年累计	2 500 000	2 500 000	

现金流量表台账

账页名称：筹资活动现金流出

2018年		凭证号码	摘要	金额	明细项目		
月	日				偿还债务	分配股利、利润或偿付利息	其他
11	30		本年累计	2 554 811.93	1 700 000	854 811.93	

编制现金流量表补充资料及附注计算表

1. 将净利润调节为经营活动的现金流量：	1～11月	12月	全　年
净利润	957 924.87		
加：资产减值准备			
固定资产折旧、油气资产折耗、生产性生物资产折旧	420 492.04		
无形资产摊销	33 000.00		
长期待摊费用摊销			
处置固定资产、无形资产和其他长期资产的损失(收益以“－”号填列)	－14 360.20		
固定资产报废损失(收益以“－”号填列)	－2 360.32		
公允价值变动损失(收益以“－”号填列)	－176 700.00		
财务费用(收益以“－”号填列)	324 539.15		
投资损失(收益以“－”号填列)	－106 715.70		
递延所得税资产减少(增加以“－”号填列)			
递延所得税负债增加(减少以“－”号填列)			
存货的减少(增加以“－”号填列)	－757 794.43		
经营性应收项目的减少(增加以“－”号填列)	712 398.89		
经营性应付项目的增加(减少以“－”号填列)	3 286.11		
其他			
经营活动产生的现金流量净额	1 393 710.41		
2. 不涉及现金收支的重大投资和筹资活动：			
债务转为资本			
一年内到期的可转换公司债券			
融资租入固定资产			

(二) 利润表各项目1～11月份累计发生额

利 润 表

2018年11月

单位：元

项 目	本月金额	本年累计金额
一、营业收入		22 960 012.51①
减：营业成本		17 749 360.62①
税金及附加		266 663.87
销售费用		1 229 880.00
管理费用		2 472 726.71②
研发费用		
财务费用		264 284.37
其中：利息费用		324 539.15
利息收入		66 828.26
资产减值损失		
信用减值损失		
加：其他收益		
投资收益（损失以“－”号填列）		106 715.70
其中：对联营企业和合营企业的投资收益		
净敞口套期收益（损失以“－”号填列）		
公允价值变动收益（损失以“－”号填列）		176 700.00
资产处置收益（损失以“－”号填列）		14 360.20③
二、营业利润（亏损以“－”号填列）		1 274 872.84
加：营业外收入		2 360.32④
减：营业外支出		
三、利润总额（亏损总额以“－”号填列）		1 277 233.16
减：所得税费用		319 308.29

（续表）

项　目	本月金额	本年累计金额
四、净利润(净亏损以“－”号填列)		957 924.87
（一）持续经营净利润(净亏损以“－”号填列)		957 924.87
（二）终止经营净利润(净亏损以“－”号填列)		
五、其他综合收益的税后净额		－30 000.00
（一）不能重分类进损益的其他综合收益		－30 000.00
1. 重新计量设定受益计划变动额		
2. 权益法下不能转损益的其他综合收益		
3. 其他权益工具投资公允价值变动		－30 000.00
4. 企业自身信用风险公允价值变动		
……		
（二）将重分类进损益的其他综合收益		
1. 权益法下可转损益的其他综合收益		
2. 其他债权投资公允价值变动		
3. 金融资产重分类计入其他综合收益的金额		
4. 其他债权投资信用减值准备		
5. 现金流量套期储备		
6. 外币财务报表折算差额		
……		
六、综合收益总额		927 924.87
七、每股收益：		
（一）基本每股收益		0.076 6
（二）稀释每股收益		0.076 6

①：其中1～11月的销售收入为20 254 572.80元，销售成本为15 663 606.32元。

②：1～11月的管理费用中包括职工薪酬1 298 100.00元；折旧、修理及财产保险543 600.00元；无形资产摊销33 000.00元；材料消耗34 800.00元；水电费64 120.00元；电话费142 780.00元；业务招待费91 737.04元；交通、差旅费41 500.00元；税金59 400.00元；办公费及其他163 689.67元。

③：资产处置收益为出售一台不需用的注塑机所产生的处置利得。

④：营业外收入为报废一台冲床产生的清理净收益。

（五）财务指标计算表及计算要求与提示

要求计算结果精确到 0.01。

财务指标计算表

财务指标名称	计算过程	提示
(1) 销售利润率		
(2) 总资产报酬率		$\frac{\text{利润总额＋利息支出}}{\text{平均资产总额}}\times100\%$ 1～11月份累计利息支出为249 894元
(3) 资本收益率		此处收益指净利润
(4) 资本保值增值率		$\frac{\text{年末所有者权益总额}}{\text{年初所有者权益总额}}\times100\%$
(5) 资产负债率		
(6) 流动比率		
(7) 速动比率		
(8) 应收账款周转率		此处用应收账款余额，不用应收账款净额。应收账款年初余额为1 892 016.78元。
(9) 存货周转率		
(10) 资本经营现金净流量率		$\frac{\text{经营活动产生的现金流量净额}}{\text{年末实收资本总额}}\times100\%$

（三）利润表 1 张

利　润　表

会企 02 表

编制单位：　　　　　　　　　　　　　　　　　　　　年　　　　　　　　　　　　单位：元

项　目	本期金额	上期金额
一、营业收入		
减：营业成本		
税金及附加		
销售费用		
管理费用		
研发费用		
财务费用		
其中：利息费用		
利息收入		
资产减值损失		
信用减值损失		
加：其他收益		
投资收益（损失以“－”号填列）		
其中：对联营企业和合营企业的投资收益		
净敞口套期收益（损失以“－”号填列）		
公允价值变动收益（损失以“－”号填列）		
资产处置收益（损失以“－”号填列）		
二、营业利润（亏损以“－”号填列）		
加：营业外收入		
减：营业外支出		
三、利润总额（亏损总额以“－”号填列）		
减：所得税费用		

（续表）

项　目	本期金额	上期金额
四、净利润(净亏损以“－”号填列)		
（一）持续经营净利润(净亏损以“－”号填列)		
（二）终止经营净利润(净亏损以“－”号填列)		
五、其他综合收益的税后净额		
（一）不能重分类进损益的其他综合收益		
1. 重新计量设定受益计划变动额		
2. 权益法下不能转损益的其他综合收益		
3. 其他权益工具投资公允价值变动		
4. 企业自身信用风险公允价值变动		
……		
（二）将重分类进损益的其他综合收益		
1. 权益法下可转损益的其他综合收益		
2. 其他债权投资公允价值变动		
3. 金融资产重分类计入其他综合收益的金额		
4. 其他债权投资信用减值准备		
5. 现金流量套期储备		
6. 外币财务报表折算差额		
……		
六、综合收益总额		
七、每股收益：		
（一）基本每股收益		
（二）稀释每股收益		

十、外购空白记账凭证及账页（仅提供样张）

（一）收入凭证 20 张

收　款　凭　证

总号	
分号	

借方科目　　　　　　　　　　年　　月　　日

摘　　要	应贷科目		✓	金额										
	一级科目	二级和明细科目		亿	千	百	十	万	千	百	十	元	角	分
合　计														

附件　　张

财会主管　　记账　　出纳　　复核　　制单　　领款人签章

（二）付款凭证 80 张

付　款　凭　证

总号	
分号	

贷方科目　　　　　　　　　　年　　月　　日

摘　　要	应借科目		✓	金额										
	一级科目	二级和明细科目		亿	千	百	十	万	千	百	十	元	角	分
合　计														

附件　　张

财会主管　　记账　　出纳　　复核　　制单　　领款人签章

（三）转账凭证 190 张

转 账 凭 证

总号	
分号	

年 月 日

摘 要															
借 方 科 目			贷 方 科 目			金 额									附件
一级科目	二级或明细科目	✓	一级科目	二级或明细科目	✓	千	百	十	万	千	百	十	元	角	分
合 计															

张

财会主管　　记账　　复核　　制单

（四）记账凭证封面及封底 3 套

凭 证 封 面

编号	

年 月份

单 位 名 称			
凭 证 名 称			
册 数	第	册共	册
起 讫 编 号	自第	号至第	号
起 讫 日 期	自 年 月	日至 月	日

主管 ………… 装订 …………

抽 出 单 据 记 录

抽出日期			抽出单据名称	张数	抽出单据理由	抽取人签章	财会主管签章	附注
年	月	日						

（五）账簿启用及接交表 3 张

账簿启用及接交表

单位名称		印　鉴
账簿名称	（第　册）	
账簿编号		
账簿页数	本账簿共计　页（本账簿页数检点人盖章　）	
启用日期	公元　年　月　日	

经管人员	负责人		主办会计		复核		记账	
	姓名	盖章	姓名	盖章	姓名	盖章	姓名	盖章

接交记录	经管人员		接管				交出			
	职别	姓名	年	月	日	盖章	年	月	日	盖章

备注	

目　录

编号	科目	页码	编号	科目	页码	编号	科目	页码

（六）日记账账页 8 张

年		凭证号数	对方科目	摘要	总页	收入(借方)										付出(贷方)										结存									
月	日					千	百	十	万	千	百	十	元	角	分	千	百	十	万	千	百	十	元	角	分	千	百	十	万	千	百	十	元	角	分

（七）三栏式账页85张

分页______ 总页______

会计科目______

明细科目______

年		凭证		摘要	对应科目	借方														贷方														借/贷	余额													
月	日	种类	号数			百	十	亿	千	百	十	万	千	百	十	元	角	分	✓	百	十	亿	千	百	十	万	千	百	十	元	角	分	✓		百	十	亿	千	百	十	万	千	百	十	元	角	分	✓

（九）数量金额式原材料明细账账页 3 张

分页........ 总页........

最高存量........ 编号、名称........

最低存量........ 储备天数........ 存放地点........ 计量单位........ 规格........ 类别........

年		凭证		摘要	收入												发出												结存											
月	日	种类	号数		数量	单价	金额										数量	单价	金额										数量	单价	金额									
							千	百	十	万	千	百	十	元	角	分			千	百	十	万	千	百	十	元	角	分			千	百	十	万	千	百	十	元	角	分

十一、实习参考答案

（一）现金日记账、银行存款日记账余额

1. 库存现金	2 688.51 元
2. 银行存款——工商银行——人民币户	1 015 416.62 元
——中国银行	315 553.15 元
——工商银行——社保基金专户	60 153.54 元
3. 其他货币资金——存出投资款	419 102.40 元

（二）本月材料成本差异率

1. 铝材类：0.88％
2. 铝配件：5％
3. 马口铁：2％
4. 塑料粒子：－4.92％
5. 瓶胆类：3％
6. 辅助材料：－5％
7. 低值易耗品：－3％

（三）辅助生产（机修）发生额及分配率

辅助生产本月发生额合计 18 760 元，分配率为 8.00 元/工时。

（四）各基本生产车间生产工人薪酬分配率

1. 制壳车间：7.80 元/工时
2. 塑料车间：7.60 元/工时
3. 装配车间：7.00 元/工时

（五）各基本生产车间制造费用发生额及分配率

1. 制壳车间制造费用：	本月发生额	36 312.40 元
	分配率	4.60 元/工时
2. 塑料车间制造费用：	本月发生额	52 910 元
	分配率	4.40 元/工时
3. 装配车间制造费用：	本月发生额	10 108.80 元
	分配率	1.20 元/工时

(六) 各基本生产车间自制半成品成本及产成品成本

1. 制壳车间完工半成品：

铝壳：总成本 244 611 元　　单位成本 8.89 元

铁壳：总成本 47 354.76 元　　单位成本 5.26 元

2. 塑料车间完工半成品：

塑壳(大)：总成本 68 862 元　　单位成本 2.76 元

塑壳(中)：总成本 58 340.40 元　　单位成本 2.44 元

塑壳(小)：总成本 37 948 元　　单位成本 2.12 元

塑配件(大)：总成本 52 819 元　　单位成本 2.21 元

塑配件(中)：总成本 45 152.40 元　　单位成本 1.97 元

塑配件(小)：总成本 34 383.75 元　　单位成本 1.73 元

气压式塑配件：总成本 268 540 元　　单位成本 9.26 元

3. 装配车间完工产成品成本：

铝壳气压保温瓶：总成本 830 432 元　　单位成本 28.01 元

铁壳保温瓶：总成本 153 520.55 元　　单位成本 15.99 元

塑壳保温瓶(大)：总成本 249 915.50 元　　单位成本 11.36 元

塑壳保温瓶(中)：总成本 195 469.85 元　　单位成本 9.77 元

塑壳保温瓶(小)：总成本 197 473.70 元　　单位成本 8.23 元

(七) 损益类部分账户本月发生额

1. 主营业务收入　2 586 187.20 元
2. 主营业务成本　2 082 909.62 元
3. 税金及附加　35 448.30 元
4. 管理费用　217 790.86 元
5. 财务费用　20 520.77 元

其中:利息支出 25 509.50 元,利息收入 5 577.82 元,汇兑收益 86.52 元,手续费 675.61 元。

6. 其他业务成本　1 623.36 元
7. 投资收益　349 613.25 元
8. 资产处置损益　−19 746.24 元

(八) 利润总额及应纳税所得额

1. 本月利润总额　230 960.94 元
2. 本月应纳税所得额　367 855.61 元
3. 所得税费用　10 885.81 元

(九) 年度财务报表部分项目金额

1. 资产负债表有关项目期末余额

(1) 货币资金　1 852 914.22 元

(2) 交易性金融资产　1 676 565.00 元
(3) 应收票据及应收账款　3 358 375.46 元
(4) 其他应收款　122 406.40 元
(5) 存货　2 349 079.81 元
(6) 债权投资　610 794.00 元
(7) 长期股权投资　6 005 359.42 元
(8) 其他权益工具投资　604 020.00 元
(9) 递延所得税资产　132 809.98 元
(10) 应交税费　357 553.34 元
(11) 其他综合收益　−72 625.33 元
(12) 资产总计(或负债和所有者权益总计)
22 111 982.98 元

2. 利润表有关项目本期金额(全年累计金额)

(1) 营业收入　25 606 199.71 元
(2) 营业成本　19 833 893.60 元
(3) 销售费用　1 286 780.00 元
(4) 资产减值损失　62 300.00 元
(5) 信用减值损失　281 277.36 元
(6) 公允价值变动收益　242 465.00 元
(7) 资产处置收益　−5 386.04 元
(8) 利润总额　1 508 194.10 元
(9) 所得税费用　330 194.10 元
(10) 权益法下不能转损益的其他综合收益
−3 000.00 元
(11) 其他权益工具投资公允价值变动
−69 625.33 元
(12) 综合收益总额　1 105 374.67 元

3. 现金流量表有关项目本期金额

(1) 销售商品、提供劳务收到的现金　26 404 218.19 元
(2) 购买商品、接受劳务支付的现金　14 168 364.99 元
(3) 支付给职工以及为职工支付的现金　5 004 916.13 元
(4) 支付的各项税费　3 266 304.55 元
(5) 支付其他与经营活动有关的现金　2 568 603.40 元
(6) 经营活动产生的现金流量净额　2 203 804.87 元
(7) 投资活动产生的现金流量净额　−1 676 179.51 元
(8) 筹资活动产生的现金流量净额　556 248.57 元
(9) 资产减值准备　343 577.36 元
(10) 公允价值变动损失　−242 465.00 元
(11) 财务费用　347 048.65 元

(12) 投资损失	－456 328.95元
(13) 递延所得税资产减少	－85 894.34元
(14) 递延所得税负债增加	4 816.25元
(15) 存货的减少	84 270.18元
(16) 经营性应收项目的减少	－97 188.97元
(17) 经营性应付项目的增加	630 309.73元

4. 所有者权益(股东权益)变动表有关项目本年年末余额

所有者权益合计	14 621 368.73元

(十) 有关财务指标

1. 销售利润率＝6.60％
2. 总资产报酬率＝8.95％
3. 资本收益率＝9.42％
4. 资本保值增值率＝104.32％
5. 资产负债率＝33.88％
6. 流动比率＝145.54％
7. 速动比率＝109.07％
8. 应收账款周转率＝11.96
9. 存货周转率＝7.42
10. 资本经营现金净流量率＝17.63％

十二、编制记账凭证与财务报表提示及疑难解答

这里对全部经济业务 107 项中 60 项的账务处理及报表部分 16 个项目的填列，作了程度不等的提示与疑难解答，在实习过程中进行不见面的指导。

（一）经济业务账务处理提示及疑难解答

业务(2)：职工薪酬包括向职工子女提供医疗、保教等方面的福利。职工报销幼托费即为企业向职工支付这部分薪酬，所以应冲减"应付职工薪酬"，编制的会计分录如下：

借：应付职工薪酬　　120

　贷：库存现金　　120

业务(4)：账务处理只要求编制支付委外加工费及增值税额的记账凭证。结转委托加工材料成本及差异在业务(85)编制记账凭证。业务(31)账务处理同业务(4)。

业务(6)：取得申请签发的银行本票应通过"其他货币资金"账户核算。

业务(8)：采购原材料及低值易耗品的实际成本应通过"材料采购"账户核算，结转入库材料的计划成本及成本差异在业务(85)汇总进行账务处理。本项业务编制的会计分录如下：

借：材料采购——辅助材料　　21 000.00

　　应交税费——应交增值税(进项税款)　　3 360.00

　　其他应收款——其他　　640.00

　贷：其他货币资金——银行本票存款　　25 000.00

本业务中购买原材料支付的现金小于银行本票面值，分析处理本笔业务的现金流量时，可将本票金额全部当作"购买商品、接受劳务支付的现金"，待收回结算余额时[业务(10)]，在此项目中用负数填写余额金额。抵销后的现金流出量即为本业务购买原材料支付的现金。业务(31)和业务(67)等相关的现金流量也可作类似的分析处理。

业务(9)：预收房租通过"预收账款"账户核算。按《营业税改征增值税试点实施办法》(财税〔2016〕36 号文附件 1)规定，提供租赁服务采取预收款方式的，其纳税义务发生时间为收到预收款的当天。因此本项业务应交的增值税应计入本月的应纳增值税额。

业务(11)：商品交易摊位费计入销售费用。

业务(12)：该公司外币业务采用发生当日市场汇价折合记账。

根据财会字(2016)22 号、财税(2012)39 号文规定，该企业出口货物实行"免、抵、退"税收管理办法，按规定，免抵退税不得免征和抵扣的税额应作为进项税额转出，计入产品销售成本，其金额＝出口货物离岸价×外汇人民币折合率×(出口货物适用税率－出口货物退税率)－免抵退税不得免征和抵扣税额抵减额。其中，免抵退税不得免征和抵扣税额抵减额＝免税购进原材料价

格×(出口货物适用税率－出口货物退税率),国家税务总局在出口货物劳务退税率文库中发布的保温瓶退税率为13%,由于该企业无免税购进的原材料,所以此项为0。本项业务涉及的免抵退税不得免征和抵扣税额为3 236.69元[16 800×6.422×(16%－13%)],相关会计分录如下:

借:应收账款——新中贸易公司(USD16 800×6.422)　　107 889.60
　贷:主营业务收入　　107 889.60
借:主营业务成本　　3 236.69
　贷:应交税费——应交增值税(进项税额转出)　　3 236.69

按规定,需要计算免抵退税额,其金额＝出口货物离岸价×外汇人民币折合率×出口货物退税率－免抵退税额抵减额。其中,免抵退税额抵减额＝免税购进原材料价格×出口货物退税率,由于该企业无免税购进的原材料,所以此项为0。本项业务涉及的免抵退税额为14 025.65元(16 800×6.422×13%),按规定又应分为应退税额与抵减内销产品应纳税额两部分,其计算与会计处理,与业务(94)一并处理,见业务(94)的答疑说明。

业务(13):业务培训费在"其他应付款——教育经费"列支,其来源为按工资总额的1.5%提取。

业务(14):采用托收承付结算方式,购货方收到销货方委托收款通知后,承付期内不用作账务处理。

业务(15):本项业务不编制记账凭证,结转入库材料成本及差异在业务(85)汇总编制记账凭证。

业务(17):对生活困难的职工提供的补助费也属于职工薪酬范畴,所以本项业务的账务处理与业务(2)类似。

业务(18):收到支票准备背书转让时,应借记"其他货币资金——待转让支票"账户。

业务(19):本项业务可编制两张记账凭证:其他货币资金付款凭证和银付凭证。

借:材料采购——辅助材料(74 700－6 652)　　68 048
　　应交税费——应交增值税(进项税额)　　11 952
　贷:其他货币资金——待转让支票　　80 000
借:材料采购——辅助材料　　6 652
　贷:银行存款　　6 652

业务(23):公司采用实际利率法按年计息并摊销债券溢价。本期应确认投资收益27 594元(613 200×4.5%),摊销溢价2 406元(本期债券应收利息600 000×5%－27 594)。本项业务编制的会计分录如下:

借:应收利息　　30 000.00
　贷:债权投资——10新港债(利息调整)　　2 406.00
　　　投资收益　　27 594.00

业务(24):由于该票据贴现不带追索权,将原债务人的债务转移给贴现银行后,不形成新的债权、债务。贴现实得金额与票据面值的差额计入财务费用。本项业务应编制银行收款凭证,有关会计分录如下:

借:银行存款　　357 000
　贷:应收票据——银行承兑汇票——保温容器　　360 000
　　　财务费用　　－3 000

业务(26)：应按转让股票比例终止确认这部分交易性金融资产的账面价值。转让股票所付佣金及其他税费已在实得款项中扣除，不需另作账务处理。本项业务编制的会计分录如下：

借：其他货币资金—存出投资款　　541 071.90

　贷：交易性金融资产——明星电力股票(成本)　　455 000.00

　　交易性金融资产——明星电力股票(公允价值变动)　　46 500.00

　　投资收益　　39 571.90

业务(28)：公司行政管理部门购入办公用品，若金额较小，直接计入管理费用。购买办公用品所付增值税，列作进项税额抵扣。

业务(30)：缴纳上月应缴未缴增值税额，应通过"应交税费——应交增值税(已交税金)"明细账户；其余税种和附加费，则通过"应交税费——应交××税(或教育费附加)"明细账户。

业务(31)：账务处理同业务(4)。

业务(33)：因承付期满需要对业务(14)进行账户处理。部分会计凭证(托收承付凭证、购买铝锭的发票等)已在业务(14)中提供。

业务(34)：根据《企业会计准则第4号——固定资产》的相关规定，固定资产日常修理费应计入当期费用。本项业务中塑料车间注塑机大修理费(不含增值税)应直接计入本月管理费用。

业务(35)：本项业务应编制银付凭证如下：

借：应付职工薪酬(262 400－46 337.51)　　216 062.49

　　财务费用　　87.40

　贷：银行存款(216 062.49＋87.40)　　216 149.89

业务(36)：本企业代扣个人所得税通过"应交税费"账户核算；其余代扣款项则通过"其他应付款"账户核算。

借：应付职工薪酬　　46 337.51

　贷：其他应付款——养老保险费　　19 952.69

　　　　　　——住房公积金　　17 458.59

　　　　　　——医疗保险费　　4 988.17

　　　　　　——失业保险费　　1 247.06

　　　　　　——工会会费　　1 312.00

　　应交税费—应交个人所得税　　1 379.00

业务(38)：本项业务应根据社会保险费、公积金及有关经费计算表编制记账凭证。根据《企业会计准则第9号——职工薪酬》(2014)的有关规定，企业支付的职工薪酬，应通过"应付职工薪酬"账户核算。企业负担的各项保险费、公积金、经费，可以结合提取与缴纳情况决定是否通过"其他应付款"账户核算。本项业务中，工会经费提取后可以直接缴付。

业务(39)：上缴住房公积金时，由企业负担的部分和由职工工资负担的部分(已从应付工资中代扣)都借记"其他应付款"账户。

业务(40)：上缴养老保险费、医疗保险费、失业保险费、生育保险费和工伤保险费时，由企业负担的部分和由职工工资负担的部分(已从应付工资中代扣)都借记"其他应付款”账户。

业务(45)：购买印花税票不必通过“应交税费”账户，不存在与财政结算清算问题。

业务(47)：税收滞纳金 60 元作为营业外支出，但申报所得税时应纳税调整。

业务(49)：处置(销售)自己使用过的、外购时进项税额已作抵扣处理的固定资产取得的收入，按税法规定应征收增值税，并按增值税额的 7%计征城市维护建设税、3%计征教育费附加，相关会计分录如下：

借：银行存款——工商银行 6 769.79

贷：固定资产清理 5 836.03

应交税费——应交增值税(销项税额) 933.76

借：固定资产清理 93.37

贷：应交税费——应交城建税(933.76×7%) 65.36

——应交教育费附加(933.76×3%) 28.01

借：固定资产清理 125.50

贷：库存现金 125.50

结转处置净损失 19 746.24 元(固定资产账面净值 25 363.4－5 836.03＋93.37 ＋125.5)的会计分录如下：

借：资产处置损益 19 746.24

贷：固定资产清理 19 746.24

财政部《关于修订印发 2018 年度一般企业财务报表格式的通知》(财会〔2018〕15 号)中规定，处置固定资产或在建工程等产生的处置利得或损失应计入“资产处置损益”。本项业务中的固定资产因不需用而出售，属于处置固定资产的情况之一，故处置净损失应记入“资产处置损益”账户，在利润表中归入“资产处置收益”项目以负数填列。但需要注意，如果是固定资产的报废清理利得或损失，则应计入“营业外收入”或“营业外支出”。

本项业务的现金流量包括固定资产的处置收入与处置支出，按照《企业会计准则第 31 号——现金流量表》的有关规定，应将处置收入与支出合并反映在“处置固定资产、无形资产和其他长期资产收回的现金净额”项目，即在该项目中用蓝字填写处置收入(6 769.79 元，表示现金流入量)、用红字填写处置支出(125.5 元，表示现金流出量)。

业务(52)：电梯的日常保养费应直接计入管理费用。

业务(53)：捐赠支出应在营业外支出列支。本项业务编制两张记账凭证：一张银付凭证和一张转账凭证。其中捐赠产品会计上不确认收入，税法上视同销售，相关转账凭证应编制如下：

借：营业外支出 A＋336.00

贷：库存产品——产成品——铝壳瓶 A(产品的成本)

应交税费——应交增值税(销项税额)(2 100×16%) 336.00

因捐赠产品的成本至月末方能确定，故上述转账凭证须留待月末[业务(93)]才能编制。

业务(57)：上两个月计提的长期借款利息不通过“应付利息”账户核算，应通过“长期借款”账户核算。因为长期借款的期限长，金额也较大，本金和利息在一个账户中核算，有利于反映该项负债的全貌。同时，此项借款为购建固定资产的专门借款，已发生购建固定资产累计支出 480 000 元，满足资本化条件，资本化期间的利息 9 251.66 元(27 755－18 503.34)应全部计入工程成本。

业务(61)：购买股票作为交易性金融资产核算，应以取得时的公允价值作为初始价值，所付佣金等税费应记入"投资收益"账户。

业务(62)：采用定额备用金方式时，平时报销不能冲减其他应收款，应根据款项支付用途在有关费用成本账户列支。本项业务所购车间办公用品等应记入"制造费用"账户，并依据付款与否确定编制付款凭证或转账凭证。

业务(63)：本项业务购入工程物资后未立即投入车库建造。

业务(64)：本项业务应编制两张记账凭证：收款凭证和转账凭证。收到货款结汇应编制收款凭证如下：

借：银行存款　　107 485.01

　贷：应收账款——新中贸易公司(USD16 737×6.424)　　107 518.49

　　财务费用——汇兑损益　　33.48

上述会计分录中汇兑损失用红字贷记"财务费用"账户，是为了将此笔结汇业务编制在同一张银收凭证中，登账时仍用蓝字借记"财务费用"。

结转金融机构手续费、议付费，编制转账凭证如下：

借：财务费用——手续费　　404.71

　贷：应收账款——新中贸易公司(USD63×6.424)　　404.71

业务(67)：本项业务应编制两张记账凭证：银收凭证和银付凭证。多收的 592 元可通过"其他应付款"账户核算。

业务(71)：本项业务应编制转账凭证如下：

借：应收账款——金狮贸易公司(USD28 800×6.427)　　185 097.60

　贷：主营业务收入　　185 097.60

借：主营业务成本　　5 552.93

　贷：应交税费——应交增值税(进项税额转出)　　5 552.93

本项业务涉及的免抵退税额为 24 062.69 元(28 800×6.427×13%)，与业务(94)一并处理，见业务(94)的答疑说明。

业务(74)：为出租的投资性房地产所计提的折旧费用应借记"其他业务成本"账户，与记入"其他业务收入"账户的租金配比。

业务(76)：摊销出租投资性房地产保险费，也记入"其他业务成本"账户。

业务(77)：盘亏存货的损失经批准计入管理费用。

业务(78)：按《营业税改征增值税试点实施办法》(财税〔2016〕36 号文附件 1)规定，用于集体福利的不动产其进项税额不予抵扣。所以明确作为职工健身房购入的房屋，所付的增值税款应计入房屋成本。

业务(79)：供销经营科购买的电热台板款项计入管理费用。本业务取得的是增值税普通发票，税法规定所付增值税款不予抵扣，一并计入管理费用。

业务(80)：应付信隆饭店就餐费通过"其他应付款"账户核算。

业务(81)：同业务(34)的答疑说明。应付的修理费价税合计通过“应付账款”账户核算。

业务(86)：本项业务要求分类结转发出材料的计划成本及应分摊的成本差异，例如借记有关成本费用账户，贷记“原材料——铝材”账户；借记有关成本费用账户，贷记“材料成本差异——铝材”账户，或反向编制会计分录。

采用五五摊销法结转发出压力表、电动机的计划成本时，应先以压力表、电动机的计划成本分别从其“在库”明细账户结转至“在用”明细账户，然后再将其50%计划成本摊入当月有关车间的制造费用、辅助生产成本，同时贷记其“摊销”明细账户。此时不分摊压力表、电动机的材料成本差异。

业务(87)：根据《企业会计准则第9号——职工薪酬》(2014)的有关规定，企业支付的职工薪酬，应根据职工提供服务的受益对象，在相关的成本、费用中列支。

企业支付的职工薪酬包括工资、奖金、津贴和补贴、职工福利费(如支付生活困难补助)、养老保险费各项社会保险费、住房公积金以及工会经费和职工教育经费。

编制“应付职工薪酬汇总分配计算表”时，可将业务(35)“工资结算汇总表”中“应付工资”数据汇总在“发放工资”列的相应位置；业务(38)“社会保险费、公积金及有关经费计算表”中“总计”数据汇总在“企业承担职工的各项保险费、经费等”列的相应位置；业务(2)“信恒保温瓶有限公司职工费用报销单”(No. 0005526)与业务(17)“信恒保温瓶有限公司职工生活困难补助申请单”(编号2073)中的报销额与补助额分别汇总在“其他薪酬”列的相应位置。然后按车间和部门，并区分各车间的直接人工与间接人工，汇总“合计”列上各个金额，再根据业务(89)提供的产品工时资料，计算各个车间直接人工在车间内各产品之间分配的分配率，进而计算出各种(共十种)产品本月承担的直接人工费用。各车间计入制造费用的间接人工，以及机修车间和行政部门的职工薪酬汇总数，均不存在分配问题。

各项保险费、公积金、经费的计算依据了目前上海地区的有关规定。由于各地区政策规定不尽相同，以及政策本身的变化，可能与实际有所不同。

业务(88)：分配结转机修车间生产成本，实质上就是由各基本生产车间、行政管理部门、在建工程等分担固定资产日常修理或安装的费用。按照2010年版的企业会计准则讲解中关于固定资产后续支出费用化的相关规定，生产车间与行政管理部门承担的部分均应计入本月管理费用；在建工程应承担的部分则应计入工程成本。

业务(90)：该公司对自制半成品通过仓库收发，并设置“库存商品——自制半成品”账户进行核算。

业务(94)：按照财税(2012)39号文规定，本项业务可按下列步骤进行会计处理。

(1) 计算当期应纳税额与期末留抵税额。

当期应纳税额＝当期内销货物的销项税额－(当期进项税额－当期免抵退税不得免征和抵扣税额)。其中，当期内销货物的销项税额应包括视同销售形成的销项税额(如对外捐赠应负担的增值税)；当期免抵退税不得免征和抵扣税额＝出口货物离岸价×外汇人民币折合率×(出口货物适用税率－出口货物退税率)－免抵退税不得免征和抵扣税额抵减额，最后一项：免抵退税不得免征和抵扣税额抵减额＝免税购进原材料价格×(出口货物适用税率－出口货物退税率)，由于该企业无免税购进的原材料，所以最后一项为0，当期免抵退税不得免征和抵扣税额＝(业务12)3 236.69＋(业务71)5 552.93＝8 789.62(元)。

当期应纳税额＝当期内销销项税额 386 181.76－(当期进项税额 164 422.61－当期免抵退税不得免征和抵扣税额 8 789.62)＝230 548.77(元)

期末留抵税额＝0(元)

(2) 计算当期免抵退税额总额。

当期免抵退税额总额＝[业务(12)]14 025.65＋[业务(71)]24 062.69＝38 088.34(元)

(3) 确定当期应退税额和抵减内销产品应纳税额。

如当期期末留抵税额≤当期免抵退税额，则：

当期应退税额＝当期期末留抵税额；

当期抵减内销产品应纳税额＝当期免抵退税额－当期应退税额。

如当期期末留抵税额＞当期免抵退税额，则：

当期应退税额＝当期免抵退税额；当期抵减内销产品应纳税额＝0。

由于该企业本月末留抵税额为 0 元，所以，

当期应退税额＝0(元)

当期抵减内销产品应纳税额＝38 088.34(元)，该项抵减税额视同出口退税。

(4) 编制相关会计分录。

借：应交税费——应交增值税(出口抵减内销产品应纳税额)　38 088.34

　贷：应交税费——应交增值税(出口退税)　38 088.34

如果当期有应退税额，则应按应退税额借记“其他应收款——应收补贴款”账户，贷记“应交税费——应交增值税(出口退税)”账户。

业务(95)：工业企业出租房屋作为其他业务核算。按规定预收房租时已缴纳增值税[见业务(9)的答疑说明]，所以确认租金收入时无需重复纳税。

业务(96)：销售保温瓶和出租房屋都是公司的营业活动，由此承担的城市维护建设税、教育费附加等税费都应计入税金及附加。

业务(97)：出租房屋应缴房产税与业务(96)同样处理。按《增值税会计处理规定》[财会(2016)22 号文]规定，本公司用房应缴房产税也应计入税金及附加。

业务(98)：外币货币性项目期末余额调整应编制转账凭证如下：

借：应收账款——新中贸易公司　33.60

　　　　　　——金狮贸易公司　86.40

　贷：财务费用——汇兑损益　120.00

应收账款——新中贸易公司：期末调整后余额应为 0 元

调整前余额为(贷)33.60 元

应收账款——金狮贸易公司：期末调整后余额应为(借) 185 184.00 元

调整前余额为(借) 185 097.60 元

业务(99)：年末减值测试结果：①应收湖州日用百货公司的 661 200 元货款的预期信用损失为 292 662 元(661 200－368 538)；② 按其余的应收账款余额的账龄预期信用损失为 83 370.54 元。上述①②合计，预期信用损失 376 032.54 元，12 月份应收账款应计提坏账准备 281 392.76 元(376 032.54－已计提 94 639.78)。③ 按其他应收款余额的账龄预期信用损失为 73.60 元，其他应收款坏账准备应冲回 115.40 元(73.60－已计提 189.00)。根据《企业

会计准则第22号——金融工具确认和计量》应用指南的规定，上述①②③的会计处理均通过“信用减值损失”和“坏账准备”账户核算。

业务(100)：确认的固定资产减值损失借记“资产减值损失”账户，贷记“固定资产减值准备”账户。

业务(101)期末，根据估值结果，对彩虹塑料厂股权投资以公允价值进行后续计量，公允价值变动损益计入其他综合收益，递延所得税影响在业务(104)确认。

借：其他综合收益	52 833.77
贷：其他权益工具投资	52 833.77

其他权益工具投资公允价值变动金额计入其他综合收益以后，不能重分类进损益。

业务(102)：对信谊百货公司和高庄铝制品厂的股权投资采用权益法核算。根据《企业会计准则第2号——长期股权投资》(2014)的有关规定，投资企业在确认投资收益时，应当以取得投资时被投资单位各项可辨认资产等的公允价值为基础，对被投资单位净利润进行调整后加以确定。

调整后的信谊百货公司净利润为673 038.10元(697 038.10－768 000÷32)；调整后确认的当期投资收益为302 867.15元(673 038.10×45％)，同时增加长期股权投资账面价值。

对高庄铝制品厂发生的亏损与其他综合收益的减少应按出资比例冲减长期股权投资账面价值，并确认投资损失和其他综合收益减少。

被投资单位高庄铝制品厂其他综合收益(已扣除递延所得税影响)的减少，系以公允价值计量且其变动计入其他综合收益的非交易性权益工具投资价值变动所致，投资方按权益法核算引起的其他综合收益相应变动金额，以后也不能重分类进损益。

业务(103)：报告期末，交易性金融资产应按其公允价值调整，并将之前的账面价值与期末公允价值的差额计入当期损益，在“公允价值变动损益”账户核算。

业务(104)：根据《中华人民共和国企业所得税法》(中华人民共和国主席令第63号)和《中华人民共和国企业所得税法实施条例》(中华人民共和国国务院令512号)的相关规定，本月应对下列事项进行所得税纳税调整。

1. 对本月利润总额进行纳税调整：

(1) 直接向受赠人捐赠，不能在计算应纳税所得额时扣除。纳税所得额应调增52 028元。

(2) 税收滞纳金不能在税前列支，纳税所得额应调增60元。

(3) 该企业全年实际开支业务招待费108 903.65元(1－11月91 737.04＋12月17 166.61)，其中40％的业务招待费不能在计算应纳税所得额时扣除，纳税所得额应调增43 561.46元(107 883.65×40％)。

根据《中华人民共和国企业所得税法实施条例》第四十三条规定，与生产经营活动有关的业务招待费支出，按照发生额的60％扣除，但最高不得超过当年销售收入22 842 860元的5‰(114 214.30元)。该企业该年业务招待费发生额的60％为65 342.19元，未超过其当年允许在税前扣除的业务招待费限额。

(4) 采用权益法核算的长期股权投资，根据被投资方——信谊百货公司税后利润确认的投资收益，无需重复纳税，因此在计算纳税所得额时应作调减；根据被投资方——高庄铝制品厂亏损确认的投资损失也不能冲减投资方的纳税所得额，应作纳税调增。上述两项因素抵轧后纳税所得额应调减283 067.15元 (302 867.15－19 800)。

(5) 12 月份公司交易性金融资产的公允价值变动收益 65 765 元(价值上升),剔除因处置部分交易性金融资产而实现的不需要调整的价值增值 46 500 元,差额 19 265 元(65 765－46 500)按税法规定不构成应纳税所得额,在计算应纳税所得额时应调减 19 265 元。1～11 月份公司已经调减当期的应纳税所得额 176 700.00 元,12 月份不再重复调整。

(6) 本月应收账款计提的坏账准备 281 392.76 元(376 032.54－94 639.78),减少了当月利润总额,在应收账款实际发生损失前不能税前扣除,应作纳税调增 281 392.76 元。

(7) 同理,本月其他应收款应冲减的坏账准备 115.40 元(73.60－189.00),增加了当月利润总额,所以在计算应纳税所得额时,应调减 115.40 元。

(8) 本月为固定资产计提的资产减值准备 62 300 元,在固定资产发生实质性损失前不允许税前扣除,应作纳税调增 62 300 元。

(9) 本月其他权益工具投资(对彩虹塑料厂投资)的公允价值下跌 52 833.77 元,该项变动不计入损益,因而不影响对利润总额的纳税调整。

此外,本年度实际发放的职工薪酬总额 3 015 548.70 元(1－11 月 2 752 728.70 ＋12 月 262 400＋职工报销幼托费 120＋职工生活困难补助 300),属于按照企业所得税法规定允许税前列支的职工薪酬支出,故不需要纳税调整。

上述(1)～(8)事项,全年调增应纳税所得额 439 342.22 元(52 028＋60＋ 43 561.46＋281 392.76＋62 300),也即为 12 月份的纳税调增额;全年调减应纳税所得额 479 147.55 元[283 067.15＋(公允价值变动收益:1～11 月份调减 176 700＋12 月份调减 19 265)＋115.40],12 月份调减应纳税所得额则为 302 447.55 元(479 147.55－176 700)。12 月份净调增应纳税所得额 136 894.67 元(439 342.22－302 447.55)。

2. 12 月末暂时性差异和递延所得税资产(或负债)有关分析计算如下:

上述(1)～(9)事项中,(1)～(3)与暂时性差异无关,(4)～(9)产生暂时性差异。其中,(4)～(8)属于递延所得税影响与损益有关的事项,(9)属于递延所得税影响直接计入所有者权益的事项,事项(4)～(9)产生的暂时性差异和递延所得税资产(或负债)分析如下。

事项(4)对信谊百货公司和高庄铝制品厂的两项长期股权投资按权益法核算的期末账面价值分别为 4 678 159.42 元与 1 327 200 元,计税基础即各自初始投资成本为 4 058 100 元与 1 350 000 元,分别产生应纳税暂时性差异 620 059.42 元和可抵扣暂时性差异 22 800 元。对于该企业拟长期持有这两项按权益法核算的股权投资,因初始成本的调整而产生的暂时性差异预计未来期间不会转回,因确认投资收益而产生的暂时性差异若在未来期间逐期以现金分配利润时免税,均不存在对未来期间的所得税影响,故尽管其账面价值与计税基础之间存在差异,但一般不确认递延所得税负债或资产。

(5) 交易性金融资产期末账面价值 1 676 565 元大于计税基础 1 480 600 元(即其“成本”明细账户账面余额:1 729 000－455 000＋206 600)之差额 195 965 元(即其“公允价值变动”明细账户账面余额:176 700－46 500＋65 765),为应纳税暂时性差异,应确认递延所得税负债。

(6) 应收账款的期末账面价值 1 551 431.46 与计税基础 1 927 464.00 的差额 376 032.54 元(即坏账准备的期末余额),为可抵扣暂时性差异,在预计未来能够产生足够的应纳税所得额可供抵扣的情况下,应确认递延所得税资产。

(7) 其他应收款的期末账面价值 2 406.40 元与计税基础 2 480.00 元的差额 73.60 元(即坏账准备的期末余额),为可抵扣暂时性差异,在预计未来能够产生足够的应纳税所得额可供抵扣的情况下，应确认递延所得税资产。

（8）固定资产期末账面价值 4 151 449.80 元与计税基础 4 213 749.80 元的差额 62 300 元（即固定资产减值准备的期末余额），为可抵扣暂时性差异，在预计未来能够产生足够的应纳税所得额可供抵扣的情况下，应确认递延所得税资产。

（9）其他权益工具投资（对彩虹塑料厂投资）的期末账面价值 604 020.00 与计税基础 696 853.77 的差额 92 833.77 元，为可抵扣暂时性差异，应确认递延所得税资产。

上述（4）～（9）事项的分析汇总如下：

12 月末暂时性差异和确认递延所得税资产（或负债）分析计算表

调整事项	资产或负债账面价值	资产或负债计税基础	暂时性差异		递延所得税资产	递延所得税负债
			可抵扣	应纳税		
（4-1）长期股权投资——信谊（权益法核算）	4 678 159.42	4 058 100.00	—	620 059.42 注：不确认递延所得税影响	—	—
（4-2）长期股权投资——高庄（权益法核算）	1 327 200.00	1 350 000.00	22 800.00 注：不确认递延所得税影响	—	—	—
（5）交易性金融资产（公允价值变动）	1 676 565.00	1 480 600.00	—	195 965.00	—	48 991.25
（6）应收账款（计提坏账准备）	1 551 431.46	1 927 464.00	376 032.54	—	94 008.14	—
（7）其他应收款（计提坏账准备）	2 406.40	2 480.00	73.60	—	18.40	—
（8）固定资产（计提减值准备）	4 151 449.80	4 213 749.80	62 300.00	—	15 575.00	—
（9）其他权益工具投资（公允价值变动）	604 020.00	696 853.77	92 833.77	—	23 208.44	—
一、确认与损益有关的递延所得税资产（负债）						
12 月末与损益有关的暂时性差异			438 406.14	195 965.00	—	—
12 月末递延所得税资产（或负债）——与损益有关			—	—	109 601.54	48 991.25
12 月初递延所得税资产（或负债）——与损益有关			—	—	23 707.20	44 175.00
该月与损益有关的递延所得税资产（或负债）增减			—	—	85 894.34	4 816.25
二、确认直接计入所有者权益的递延所得税资产（负债）						
12 月末与直接计入所有者权益有关的暂时性差异			92 833.77	—	—	—
12 月末递延所得税资产（或负债）——直接计入所有者权益			—	—	23 208.44	—
12 月初递延所得税资产（或负债）——直接计入所有者权益			—	—	10 000.00	—
该月直接计入所有者权益的递延所得税资产（或负债）增减			—	—	13 208.44	—

1）12 月份应纳税所得额应为 367 855.61 元(12 月份利润总额 230 960.94 ＋ 前述八项应纳税所得税净调增 136 894.67)，应交所得税为 91 963.90 元(367 855.61×25％)，即本月所得税为 91 963.90 元；递延所得税为－81 078.09(4 816.25－85 894.34)元；计入 12 月份利润表的所得税费用为 10 885.81 元。

关于本月所得税费用的会计处理如下：

借：所得税费用　　91 963.90

　贷：应交税费——应交所得税　　91 963.90

借：递延所得税资产　　85 894.34

　贷：递延所得税负债　　4 816.25

　　所得税费用　　81 078.09

上述两笔分录可合二为一，所得税费用共计 10 885.81 元(91 963.90－81 078.09)：

借：所得税费用　　10 885.81

　　递延所得税资产　　85 894.34

　贷：应交税费——应交所得税　　91 963.90

　　递延所得税负债　　4 816.25

2）12 月份由其他权益工具投资公允价值变动引起的递延所得税影响 13 208.44 元，作会计处理如下：

借：递延所得税资产　　13 208.44

　贷：其他综合收益　　13 208.44

3. 企业所得税年度纳税申报表(已填制完成)有关指标计算如下：

2018 年度纳税调整增加额＝资产减值损失 62 300.00＋应收账款信用减值损失 281 392.76＋直接向受赠人捐赠 52 028＋税收滞纳金 60＋不能在税前扣除的业务招待费 43 561.46＝439 342.22(元)

2018 年度纳税调整减少额＝权益法确认投资收益 283 067.15＋交易性金融资产公允价值上升 195 965＋其他应收款信用减值损失转回 115.4＝479 147.55(元)

(二) 编制现金流量表提示及疑难解答

为了便于编制现金流量表，可根据经济业务发生的先后顺序，按涉及经营活动现金流量、投资活动现金流量、筹资活动现金流量，分别在现金流量表台账的有关专栏登记其流入和流出，月末结出本月合计数和本年累计数，并根据“八(一)”所提供资料和 12 月份账户记录，编制现金流量表。

1. 销售商品、提供劳务收到的现金：本项目填列 26 404 218.19 元，其中 12 月份为 2 150 853.01 元，1～11 月份为 24 253 365.18 元 。企业销售商品、提供劳务收到的增值税销项税额应计入本项目。根据业务(67)的两笔分录登记现金流量表台账时，应将收到支票的全部金额登入“销售商品、提供劳务”专栏，并在该专栏中，用红字登入签发支票的金额，表示现金流出[参见业务(8)的解答]。

2. 购买商品、接受劳务支付的现金：本项目填列 14 168 364.99 元，其中 12 月份为 752 248.06 元，1～11 月份为 13 416 116.93 元。本项目中应包括企业购买商品、接受劳务支付的增值税进项税额。其中包括在管理费用中列支的固定资产修理费[例如业务(34)、业务(52)],但不包括同在管理费用中列支的零星采购支出[例如业务(28)、业务(62)、业务(79)],因为这些业务中流出现金较小,根据重要性原则,计入项目"支付的其他与经营活动有关的现金"中。实际交纳的增值税也不列于本项目,而应在"支付的各项税费"中反映。在登记业务(8)和业务(10)的现金流量表台账时,应按照会计分录,在同一专栏"购买商品、接受劳务"中用蓝字登记本票金额,表示流出的现金;用红字登记实际收到的本票结算余款,表示流入的现金[参见业务(8)的解答]。其他同类业务的台账登记可比照进行。

3. 支付给职工以及为职工支付的现金:本项目填列 5 004 916.13 元,其中 12 月份为 365 220.13 元,1～11 月份为 4 639 696.00 元。本项目应填列本期实际支付给职工或者为职工支付的各种形式的报酬,其中包括向职工支付工资[业务(35)]流出的现金,包括企业承担职工的各项保险费、经费等[业务(37)～业务(40)]流出的现金,还包括企业代扣代缴职工的个人所得税[业务(30)]流出的现金,以及企业向职工提供的各项福利[业务(2)职工子女保教福利、业务(13)职工教育福利、业务(17)职工生活困难补助福利]流出的现金。

4. 支付的各项税费:本项目填列 3 266 304.55 元,其中 12 月份为 270 704.00 元,1～11 月份为 2 995 600.55 元。本项目应填列本期实际缴纳给税务部门的增值税、消费税、印花税等各项税金与附加费,但不包括:①交易过程中向交易的另一方支付的增值税进项税额(应在"购买商品、接受劳务支付的现金"项目列示);②交易中向另一方收取的增值税销项税额(不属于现金流出量,应在"销售商品、提供劳务收到的现金"项目列示);③企业代扣代缴职工的个人所得税(应在"支付给职工以及为职工支付的现金"项目列示)。

5. 支付其他与经营活动有关的现金:本项目填列 2 568 603.40 元,其中 12 月份为 156 217.18 元,1～11 月份为 2 412 386.22 元。12 月份的现金流量主要包括:在管理费用中列支的购买办公用品等零星采购支出[例如业务(28)、业务(62)、业务(79)];差旅费的预借及报销等各种费用支出;在财务费用中列支的金融手续费支出;现金捐赠支出[例如业务(53)]等。职工培训费支出[例如业务(13)]应在"支付给职工以及为职工支付的现金"项目列示。

6. 收回投资收到的现金:本项目填列 2 454 287.60 元,其中 12 月份为 541 071.90 元,即为收回短期债券投资的本息 541 071.90 元[业务(26)];1～11 月份为 1 913 215.70 元。

7. 处置固定资产、无形资产和其他长期资产收回的现金净额:本项目填列 24 834.29 元,其中 12 月份为 6 644.29 元,1～11 月份为 18 190 元。在登记现金流量表台账过程中,可将与处置固定资产、无形资产等有关的现金收入和支出分别以蓝字和红字登入"处置长期资产净额"专栏,以便期末结算处置净额[参见业务(49)的解答]。此专栏的期末合计若为正数,则在现金流量表项目"处置固定资产、无形资产和其他长期资产所收回的现金净额"中列示;若为负数,则在"支付的其他与投资活动有关的现金"中以正数列示。

8. 支付其他与筹资活动有关的现金:本项目填列金额为 0。不论利息支出[例如业务(57)]是否资本化,都在"分配股利、利润或偿付利息支付的现金"中列示。

9. 资产减值准备:本项目填列 343 577.36 元,即为 12 月份的填列金额。其中包括计提的坏账准备 281 277.36 元和计提的固定资产减值准备 62 300 元。

10. 公允价值变动损失:本项目填列－242 465 元,其中 12 月份为－65 765 元,即为交易性金融资产公允价值变动形成的净收益[业务(103)],1～11 月份为－176 700 元。取得或转让交易性金融资产以及其公允价值的增减变动等，均属于投资活动范畴，形成公允价值变动收益虽增加了利润却未增加经营活动的现金流量，所以在将净利润调节为经营活动现金流量净额中需要消除这种影响，即从净利润金额中减去公允价值变动收益(填负数)。若形成的是公允价值变动损失则作相反处理。

11. 财务费用：本项目填列 347 048.65 元，其中 12 月份为 22 509.50 元，即为财务费用中列支的借款利息[业务(56)中行利息 19 337.5 元＋业务(57)工行利息 3 172 元]，1～11 月份为 324 539.15 元。企业承担借款利息属于筹资活动范畴，不论利息支付与否，虽减少了利润却均未减少经营活动的现金流量，所以在将净利润调节为经营活动现金流量净额中需要消除这种影响，即以净利润额为基础作调增处理。

12. 递延所得税资产减少：本项目填列－85 894.34 元，即为 12 月份填列的金额。“递延所得税资产”账户 12 月份部分发生额(85 894.34 元)与“所得税费用”账户存在对应关系，导致净利润增加，但未增加经营活动的现金流量，所以在将净利润调节为经营活动现金流量净额中需要剔除这部分影响(以负数填列)；另一部分发生额(13 208.44 元)则与净利润无关，无需在本项目调整。

13. 递延所得税负债增加：本项目填列 4 816.25 元，即为 12 月份的填列金额。其填列的理由与“递延所得税资产减少”项目的类似。

14. 存货的减少：本项目填列 84 270.18 元。其中①12 月份为 842 064.61 元，是为存货有关账户的月初账面余额(3 194 712.42 元)与月末账面余额(2 349 079.81 元)之差额，剔除分配转入在建工程的辅助生产成本 3 568 元[业务(88)]而得。分配结转在建工程负担的辅助生产成本不属于经营活动，也不构成净利润，属于调整因素。②1～11 月份为－757 794.43 元。

15. 经营性应收项目的减少：本项目填列－97 188.97 元，其中 12 月份为－809 587.86 元，1～11 月份为 712 398.89 元。本项目应根据应收账款、应收票据、预付款项、其他应收款等经营性应收项目相关账户的期初账面余额－期末账面余额计算填列；或根据上述应收款项报表项目的期初余额－期末余额－本期坏账准备计提数计算填列。本期无非经营性应收款项。

16. 经营性应付项目的增加：本项目填列 630 309.73 元，其中 12 月份为 627 023.62 元，1～11 月份为 3 286.11 元。本项目应根据应付票据、应付账款、预收款项、其他应付款及应交税费等经营性应付项目相关账户的期末账面余额－期初账面余额计算填列；或根据上述应付款项报表项目的期末余额－期初余额计算填列。12 月份需要剔除非经营性应付款项 662.33 元(调减：处置电热烘缸承担的增值税 933.76 元、城建税 65.36 元、教育费附加 28.01 元；调增：购买工程物资取得的增值税 364.80 元)。

工 资 结 算 汇 总 表

2018年12月　　　　人数162

部门		基本工资	岗位工资	工龄工资	应扣病假工资	应付工资	代扣款项							实发金额
							养老保险金	住房公积金	医疗保险金	失业保险金	工会会费	个人所得税	合计	
制壳车间	生产工人	21 532.00	22 775.56	918.00	1 489.76	43 735.80	3 388.39	2 964.85	847.10	211.77	218.68	194.58	7 825.37	35 910.43
	管理人员	2 552.00	3 038.40	70.00		5 660.40	416.81	364.70	104.20	26.05	28.30	37.95	978.01	4 682.39
	小计	24 084.00	25 813.96	988.00	1 489.76	49 396.20	3 805.20	3 329.55	951.30	237.82	246.98	232.53	8 803.38	40 592.82
塑料车间	生产工人	31 148.00	33 032.90	2 042.00	1 104.00	65 118.90	4 960.40	4 340.35	1 240.10	310.03	325.59	510.32	11 686.79	53 432.11
	管理人员	5 090.00	5 876.30	154.00		11 120.30	728.43	637.37	182.11	45.53	55.60	58.30	1 707.34	9 412.96
	小计	36 238.00	38 909.20	2 196.00	1 104.00	76 239.20	5 688.83	4 977.72	1 422.21	355.56	381.19	568.62	13 394.13	62 845.07
装配车间	生产工人	19 364.00	23 104.00	1 098.00	1 228.80	42 337.20	3 147.84	2 754.36	786.96	196.74	211.69	136.32	7 233.91	35 103.29
	管理人员	2 033.00	2 355.60	64.00	188.20	4 264.40	325.84	285.11	81.46	20.37	21.32	23.48	757.58	3 506.82
	小计	21 397.00	25 459.60	1 162.00	1 417.00	46 601.60	3 473.68	3 039.47	868.42	217.11	233.01	159.80	7 991.49	38 610.11
机修车间		4 507.00	6 045.00	247.00		10 799.00	802.48	702.17	200.62	50.16	54.00	65.62	1 875.05	8 923.95
企业行政管理人员		36 900.00	41 646.00	818.00		79 364.00	6 182.50	5 409.68	1 545.62	386.41	396.82	352.43	14 273.46	65 090.54
合计		123 126.00	137 873.76	5 411.00	4 010.76	262 400.00	19 952.69	17 458.59	4 988.17	1 247.06	1 312.00	1 379.00	46 337.51	216 062.49

永安保险股份有限公司

YONGAN INSURANCE COMPANY LIMITED OF CHINA

机动车辆保险单(正本)

MOTOR VEHICLE INSURANCE POLICY (ORIGINAL)

保险单号码：No. MV0034616
POLICY No.

鉴于信恒保温瓶有限公司　　　(被保险人)已向本公司投保车辆损失险，第三者责任险和下列附加盗抢险、玻璃险、他人恶意险，并同意按保险合同约定交纳保险费，本公司特签发本保险单，并同意依照本保险单中载明的机动车辆保险条款和附加保险条款以及其他特别约定条件，承担被保险人下列机动车辆的保险责任。

This policy of Insurance witnesses that Dazhong Insurance Co. Ltd. of China (hereinafter caller "The Insurer") undertakes to insure the undermentioned motor vehicle of the Insured named hereunder during the period of the insurance subject to the Clauses printed overleaf.

项目 Items / 总计 Total / 序号 No.	车辆型号 Model	发动机号 Engine. No.	牌照号码 Reg. No.	营业/非营业 Mode of use	座位或吨位 S/T	车辆损失险 Vehicles damage coverage: 保险价值(元) Insured Value Price	保险金额(元) Amount Insured ①	基本保费(元) Basic Premium ②	费率% Rate ③	保费(元) Premium ④=①×③	保费小计(元) Sub-Total Premium ⑤=②+④	第三者责任险 Third party liability: 最高赔偿限额 Indemnity Limit	保费(元) Premium ⑥	附加险 Add. risks: 盗抢险 Theft or Robbery 保费(元) Premium ⑦=⑤×20%	玻璃险 Autoslass Risk 保费(元) Premium ⑧	他人恶意险 Malignancy Risk from other persons 保费(元) Premium ⑨	险 ⑩	保费合计(元) Total Premium ⑪=⑤+…+⑩	上年度无赔偿优惠折扣 % No-Claim Discount Rate ⑫	实收保费(元) Premium Income ⑬=⑪×(1−⑫)
	—	—	—	—	—	—			—						—					
1.	桑塔纳(普)	468089	沪 A-24149	非营业	5 座	15 万	15 万	240	0.8	1 200	1 440	10 万	1 120	288	40	100		2 988		2 988
2.	桑塔纳(普)	487256	沪 A-98354	非营业	5 座	16 万	16 万	240	0.8	1 280	1 520	10 万	1 120	304	40	100		3 084		3 084

总保险金额：人民币(大写) 叁拾壹万元整　　　¥310 000
Amount Insured. RMB

车辆总数 *Number of Vehicle*：贰辆

总保险费：人民币(大写) 陆仟零柒拾贰元整　　　¥6 072.00
Premium Income RMB

永安保险股份有限公司
YONGAN INSURANCE COMPANY LIMITED OF CHINA

保险期限：自 2019 年 1 月 1 日零时起至 2019 年 12 月 31 日二十四时止
Period of Insurance: From　　　To

特别约定：
Remarks:

地址：
Address: 上海市余兴路 677 号
电话：　　　邮政编码：
Telephone 62567890　*Post Code*: 200042

总经理　童建平
General Manager

永安保险股份有限公司
代理业务专用章

签单日期：2018 年 12 月 24 日
Date:

注意：*Attention*:　　　复核：　　　制单：尤佳

① 收到本保险单后，请即核对，如有错误，立即通知本公司。
Check the policy and notice to our company if there is any omission.

② 公司地址：中国上海市北京西路 1860 号　邮编：200042　电话：62581141　传真：62533757
Address: 1860 *Beijing Road* (*W*). *Shanghai* 200042 *P. R. China*　*Tel*: 62581141　*Fax*: 62533757

原材料、低值易耗品收、发、存汇总表(一)

金额单位：元　　　　2018年12月

材料名称及规格	计量单位	计划单价	期初结存			本期收入				合计			差异率%	本期发出				期末结存		
			数量	计划成本	差异	来源(贷记科目)	数量	计划成本	差异	数量	计划成本	差异		用途	数量	计划成本	差异	数量	计划成本	差异
一、铝材类	×	×	×	148 800.00	+982.08	×	×	228 000.00	+2 333.76	×	376 800.00	+3 315.84	+0.88	×	×	250 800.00	+2 207.04	×	126 000.00	+1 108.80
其中：铝锭	吨	13 500.00	4.80	64 800.00	×		8.00	108 000.00	+1 440.00	12.80	172 800.00	×	×	委托加工材料——铝材厂	6.40	86 400.00	+760.32	×	×	×
			×	×	×	×	×	×	×	×	×	×	×	委托加工材料——新丰厂	2.40	32 400.00	+285.12	4.00	54 000.00	×
铝片	吨	20 000.00	4.20	84 000.00	×		6.00	120 000.00	+893.76	10.20	204 000.00	×	×	生产成本——制壳(铝壳)	6.60	132 000.00	+1 161.60	3.60	72 000.00	×
二、铝配件	套	3.80	7 500.00	28 500.00	+2 783.91	委托加工材料	15 099.00	57 376.20	+1 509.90	22 599.00	85 876.20	+4 293.81		生产成本——装配(铁壳瓶)	9 670.00	36 746.00		12 929.00	49 130.20	
三、马口铁	吨	5 600.00	3.70	20 720.00	+318.40	材料采购	2.00	11 200.00	+320.00	5.70	31 920.00	+638.40		生产成本——制壳(铁壳)	2.88	16 128.00		2.82	15 792.00	
四、塑料粒子	吨	10 000.00	28.00	280 000.00	−7 584.00	材料采购	24.00	240 000.00	−18 000.00	52.00	520 000.00	−25 584.00	−4.92	×	×	429 600.00	−21 136.32	9.04	90 400.00	−4 447.68
			×	×	×	×	×	×	×	×	×	×	×	生产成本——塑料(塑壳)	14.265	142 650.00	−7 018.38	×	×	×
			×	×	×	×	×	×	×	×	×	×	×	生产成本——塑料(塑配件)	10.635	106 350.00	−5 232.42	×	×	×
			×	×	×	×	×	×	×	×	×	×	×	生产成本——塑料(气压塑配件)	18.06	180 600.00	−8 885.52	×	×	×
五、瓶胆类	×	×	×	251 810.00	+5 964.30	×	×	407 000.00	+13 800.00	×	658 810.00	+19 764.30		×	×	468 440.00		×	190 370.00	
其中：大号	只	5.00	28 542.00	142 710.00	×		55 000.00	275 000.00	+11 000.00	83 542.00	417 710.00	×	×	生产成本——装配(铝壳瓶)	31 200.00	156 000.00		×	×	×
			×	×	×	×	×	×	×	×	×	×	×	生产成本——装配(铁壳瓶)	9 760.00	48 800.00		×	×	×
			×	×	×	×	×	×	×	×	×	×	×	生产成本——装配(塑壳瓶大)	22 160.00	110 800.00		20 422.00	102 110.00	×
中号	只	4.00	15 125.00	60 500.00	×		18 000.00	72 000.00	+1 800.00	33 125.00	132 500.00	×	×	生产成本——装配(塑壳瓶中)	20 060.00	80 240.00		13 065.00	52 260.00	×
小号	只	3.00	16 200.00	48 600.00	×		20 000.00	60 000.00	+1 000.00	36 200.00	108 600.00	×	×	生产成本——装配(塑壳瓶小)	24 200.00	72 600.00		12 000.00	36 000.00	×
六、辅助材料类	×	×	×	166 530.00	−6 164.00	×	×	137 750.00	−9 050.00	×	304 280.00	−15 214.00		×	×	218 600.00		×	85 680.00	
其中：黑铁托盘	只	0.85	50 000.00	42 500.00	×					50 000.00	42 500.00	×	×	生产成本——装配(铝壳瓶)	29 800.00	25 330.00		20 200.00	17 170.00	×
不锈钢吸管	支	0.65	8 000.00	5 200.00	×		35 000.00	22 750.00	−1 750.00	43 000.00	27 950.00	×	×	生产成本——装配(铝壳瓶)	29 800.00	19 370.00		13 200.00	8 580.00	×
口圈	只	0.20	25 000.00	5 000.00	×		100 000.00	20 000.00	−1 000.00	125 000.00	25 000.00	×	×	生产成本——装配(铝壳瓶)	29 750.00	5 950.00		×	×	×
			×	×	×	×	×	×	×	×	×	×	×	生产成本——装配(铁壳瓶)	9 750.00	1 950.00		×	×	×
			×	×	×	×	×	×	×	×	×	×	×	生产成本——装配(塑壳瓶大)	21 950.00	4 390.00		×	×	×
			×	×	×	×	×	×	×	×	×	×	×	生产成本——装配(塑壳瓶中)	19 950.00	3 990.00		×	×	×
			×	×	×	×	×	×	×	×	×	×	×	生产成本——装配(塑壳瓶小)	24 050.00	4 810.00		19 550.00	3 910.00	×

注：表内一、铝材类与四、塑料粒子已填制完成，其余类别可照此填列。

原材料、低值易耗品收、发、存汇总表(二)

额单位：元　　　　2018 年 12 月

名称及规格	计量单位	计划单价	期初结存			本期收入				合计			差异率%	本期发出				期末结存		
			数量	计划成本	差异	来源(贷记科目)	数量	计划成本	差异	数量	计划成本	差异		用途	数量	计划成本	差异	数量	计划成本	差异
底垫	只	0.15	26 000	3 900	×	材料采购	100 000	15 000	－1 000	126 000	18 900	×	×	生产成本——装配(铝壳瓶)	29 600	4 440		×	×	×
			×	×	×	×	×	×	×	×	×	×	×	生产成本——装配(铁壳瓶)	9 740	1 461		×	×	×
			×	×	×	×	×	×	×	×	×	×	×	生产成本——装配(塑壳瓶大)	22 000	3 300		×	×	×
			×	×	×	×	×	×	×	×	×	×	×	生产成本——装配(塑壳瓶中)	19 980	2 997		×	×	×
			×	×	×	×	×	×	×	×	×	×	×	生产成本——装配(塑壳瓶小)	24 040	3 606		20 640	3 096	×
纸盒	只	1.60	12 500	20 000	×	材料采购	35 000	56 000	－4 900	47 500	76 000	×	×	生产成本——装配(铝壳瓶)	29 500	47 200		18 000	28 800	×
纸箱	只	6	3 200	19 200	×	材料采购	4 000	24 000	－400	7 200	43 200	×	×	生产成本——装配(铁壳瓶)	800	4 800		×	×	×
			×	×	×	×	×	×	×	×	×	×	×	生产成本——装配(塑壳瓶大)	1 860	11 160		×	×	×
			×	×	×	×	×	×	×	×	×	×	×	生产成本——装配(塑壳瓶中)	1 690	10 140		×	×	×
			×	×	×	×	×	×	×	×	×	×	×	生产成本——装配(塑壳瓶小)	2 021	12 126		829	4 974	×
漆	千克	12	4 050	48 600	×					4 050	48 600	×	×	生产成本——制壳(铝壳)	2 750	33 000		×	×	×
			×	×	×	×	×	×	×	×	×	×	×	生产成本——制壳(铁壳)	660	7 920		640	7 680	×
稀释剂	千克	10	1 690	16 900	×					1 690	16 900	×	×	生产成本——制壳(铝壳)	684	6 840		×	×	×
			×	×	×	×	×	×	×	×	×	×	×	生产成本——制壳(铁壳)	166	1 660		840	8 400	×
汽油	升	2	1 140	2 280	×					1 140	2 280	×	×	管理费用——材料消耗	710	1 420		430	860	×
机油	升	9	250	2 250	×					250	2 250	×	×	生产成本——辅助(机修)	60	540		190	1 710	×
螺丝圆钉	盒	100	7	700	×					7	700	×	×	生产成本——辅助(机修)	2	200		5	500	×
类原材料合计	×	×	×	896 360	－3 699.31	×	×	1 081 326.20	－9 086.34	×	1 977 686.20	－12 785.65	×	×	×	1 420 314		×	557 372.20	
值易耗品	×	×	×	13 800	－444	×	×	3 000	－60	×	16 800	－504		×	×	4 120		×	12 680	
力表	只	500	14	7 000	×					14	7 000	×	×	制造费用——装配	4	2 000		10	5 000	×
动机	台	250	12	3 000	×	材料采购	12	3 000	－60	24	6 000	×	×	生产成本——辅助(机修)	4	1 000		20	5 000	×
全钳	把	10	160	1 600	×					160	1 600	×	×	制造费用——制壳	30	300		130	1 300	×
边刀	把	8	200	1 600	×					200	1 600	×	×	制造费用——塑料	65	520		135	1 080	×
手	把	15	40	600	×					40	600	×	×	制造费用——装配	20	300		20	300	×
计	×	×	×	910 160	－4 143.31	×	×	1 084 326.20	－9 146.34	×	1 994 486.20	－13 289.65	×	×	×	1 424 434		×	570 052.20	

增值税纳税申报表

（适用于一般纳税人）

根据国家税收法律法规及增值税相关规定制定本表。纳税人不论有无销售额，均应按税务机关核定的纳税期限填报本表，并向当地税务机关申报。

税款所属时间：自 2018 年 12 月 1 日至 2018 年 12 月 31 日　　填表日期：2018 年 12 月 31 日　　金额单位：元至角分

纳税人识别号	3 1 0 2 2 5 5 1 1 4 1 5 0 5 4	增值税纳税类型：一般纳税人　所属行业：制造业　电脑编码：430652271			
纳税人名称	信恒保温瓶有限公司(公章)	法定代表人姓名　赵海亮	注册地址　上海市余兴路 677 号	生产营业地址	上海市余兴路 677 号
开户银行及账号	工行静安支行　267 - 03012345	企业登记注册类型	有限责任公司	电话号码	62567890

	项　目	行　次	一般项目		即征即退项目	
			本月数	本年累计	本月数	本年累计
销售额	（一）按适用税率征税货物及劳务销售额	1	2 481 136.03	27 549 872.80		
	其中：应税货物销售额	2	2 481 136.03	27 549 872.80		
	应税劳务销售额	3				
	纳税检查调整的销售额	4				
	（二）按简易办法计税销售额	5				
	其中：纳税检查调整的销售额	6				
	（三）免、抵、退办法出口销售额	7	292 987.20	3 424 915.90	—	—
	（四）免税销售额	8			—	—
	其中：免税货物销售额	9			—	—
	免税劳务销售额	10			—	—
税款计算	销项税额	11	386 181.76	4 588 112.14		
	进项税额	12	164 422.61	1 874 360.85		
	上期留抵税额	13				—
	进项税额转出	14	8 789.62	100 974.65		
	免、抵、退应退税额	15			—	—
	按适用税率计算的纳税检查应补缴税额	16			—	—
	应抵扣税额合计	17=12+13−14−15+16	155 632.99	—		—
	实际抵扣税额	18（若 17<11，则为 17，否则为 11）	155 632.99	1 773 386.20		
	应纳税额	19=11−18	230 548.77	2 814 725.94		
	期末留抵税额	20=17−18				—
	简易计税办法计算的应纳税额	21				
	按简易征收办法计算的纳税检查应补缴税额	22			—	—
	应纳税额减征额	23				
	应纳税额合计	24=19+21−23	230 548.77	2 814 725.94		
税款缴纳	期初未缴税额（多缴为负数）	25	189 340.00	201 120.00		
	实收出口开具专用缴款书退税额	26			—	—
	本期已缴税额	27=28+29+30+31	189 340.00	2 785 297.17		
	① 分次预缴税额	28		—		—
	② 出口开具专用缴款书预缴税额	29		—	—	—
	③ 本期缴纳上期应纳税额	30	189 340.00	201 120.00		
	④ 本期缴纳欠缴税额	31		2 584 177.17		
	期末未缴税额（多缴为负数）	32=24+25+26−27	230 548.77	230 548.77		
	其中：欠缴税额（≥0）	33=25+26−27		—		—
	本期应补（退）税额	34=24−28−29	230 548.77	—		—
	即征即退实际退税额	35	—	—		
	期初未缴查补税额	36			—	—
	本期入库查补税额	37			—	—
	期末未缴查补税额	38=16+22+36−37			—	—

授权声明	申报人声明
如果你已委托代理人申报，请填写下列资料：为代理一切税务事宜，现授权（地址）　　　为本纳税人的代理申报人，任何与本申报表有关的往来文件，都可寄予此人。　授权人签字：	此纳税申报表是根据国家税收法律法规及相关规定填报的，我确定它是真实的、可靠的、完整的。　声明人签字：

主管由税务机关：　　　接收人：　　　接收日期：

现金流量表台账

账页名称：经营活动现金流出

2018年		凭证号码	摘　要	金　额	明　细　项　目			
月	日				购买商品、接受劳务	支付给职工为职工支付	支付的各项税费	其　他
11	30		本年累计	23 463 799.70	13 416 116.93	4 639 696	2 995 600.55	2 412 386.22

经济业务(84)

原材料、低值易耗品收、发、存汇总表(一)

金额单位：元 2018 年 12 月

材料名称及规格	计量单位	计划单价	期初结存			本期收入				合计			差异率%	本期发出				期末结存		
			数量	计划成本	差异	来源(贷记科目)	数量	计划成本	差异	数量	计划成本	差异		用途	数量	计划成本	差异	数量	计划成本	差异
一、铝材类	×	×	×	148 800.00	+982.08	×	×	228 000.00	+2 333.76	×	376 800.00	+3 315.84	+0.88	×	×	250 800.00	+2 207.04	×	126 000.00	+1 108.80
其中：铝锭	吨	13 500.00	4.80	64 800.00	×		8.00	108 000.00	+1 440.00	12.80	172 800.00	×	×	委托加工材料——铝材厂	6.40	86 400.00	+760.32	×	×	×
			×	×	×	×	×	×	×	×	×	×	×	委托加工材料——新丰厂	2.40	32 400.00	+285.12	4.00	54 000.00	×
铝片	吨	20 000.00	4.20	84 000.00	×		6.00	120 000.00	+893.76	10.20	204 000.00	×	×	生产成本——制壳(铝壳)	6.60	132 000.00	+1 161.60	3.60	72 000.00	×
二、铝配件	套	3.80	7 500.00	28 500.00	+2 783.91	委托加工材料	15 099.00	57 376.20	+1 509.90	22 599.00	85 876.20	+4 293.81		生产成本——装配(铁壳瓶)	9 670.00	36 746.00		12 929.00	49 130.20	
三、马口铁	吨	5 600.00	3.70	20 720.00	+318.40	材料采购	2.00	11 200.00	+320.00	5.70	31 920.00	+638.40		生产成本——制壳(铁壳)	2.88	16 128.00		2.82	15 792.00	
四、塑料粒子	吨	10 000.00	28.00	280 000.00	−7 584.00	材料采购	24.00	240 000.00	−18 000.00	52.00	520 000.00	−25 584.00	−4.92	×	×	429 600.00	−21 136.32	9.04	90 400.00	−4 447.68
			×	×	×	×	×	×	×	×	×	×	×	生产成本——塑料(塑壳)	14.265	142 650.00	−7 018.38	×	×	×
			×	×	×	×	×	×	×	×	×	×	×	生产成本——塑料(塑配件)	10.635	106 350.00	−5 232.42	×	×	×
			×	×	×	×	×	×	×	×	×	×	×	生产成本——塑料(气压塑配件)	18.06	180 600.00	−8 885.52	×	×	×
五、瓶胆类	×	×	×	251 810.00	+5 964.30	×	×	407 000.00	+13 800.00	×	658 810.00	+19 764.30		×	×	468 440.00		×	190 370.00	
其中：大号	只	5.00	28 542.00	142 710.00	×		55 000.00	275 000.00	+11 000.00	83 542.00	417 710.00	×	×	生产成本——装配(铝壳瓶)	31 200.00	156 000.00		×	×	×
			×	×	×	×	×	×	×	×	×	×	×	生产成本——装配(铁壳瓶)	9 760.00	48 800.00		×	×	×
			×	×	×	×	×	×	×	×	×	×	×	生产成本——装配(塑壳瓶大)	22 160.00	110 800.00		20 422.00	102 110.00	×
中号	只	4.00	15 125.00	60 500.00	×		18 000.00	72 000.00	+1 800.00	33 125.00	132 500.00	×	×	生产成本——装配(塑壳瓶中)	20 060.00	80 240.00		13 065.00	52 260.00	×
小号	只	3.00	16 200.00	48 600.00	×		20 000.00	60 000.00	+1 000.00	36 200.00	108 600.00	×	×	生产成本——装配(塑壳瓶小)	24 200.00	72 600.00		12 000.00	36 000.00	×
六、辅助材料类	×	×	×	166 530.00	−6 164.00	×	×	137 750.00	−9 050.00	×	304 280.00	−15 214.00		×	×	218 600.00		×	85 680.00	
其中：黑铁托盘	只	0.85	50 000.00	42 500.00	×					50 000.00	42 500.00	×	×	生产成本——装配(铝壳瓶)	29 800.00	25 330.00		20 200.00	17 170.00	×
不锈钢吸管	支	0.65	8 000.00	5 200.00	×		35 000.00	22 750.00	−1 750.00	43 000.00	27 950.00	×	×	生产成本——装配(铝壳瓶)	29 800.00	19 370.00		13 200.00	8 580.00	×
口圈	只	0.20	25 000.00	5 000.00	×		100 000.00	20 000.00	−1 000.00	125 000.00	25 000.00	×	×	生产成本——装配(铝壳瓶)	29 750.00	5 950.00		×	×	×
			×	×	×	×	×	×	×	×	×	×	×	生产成本——装配(铁壳瓶)	9 750.00	1 950.00		×	×	×
			×	×	×	×	×	×	×	×	×	×	×	生产成本——装配(塑壳瓶大)	21 950.00	4 390.00		×	×	×
			×	×	×	×	×	×	×	×	×	×	×	生产成本——装配(塑壳瓶中)	19 950.00	3 990.00		×	×	×
			×	×	×	×	×	×	×	×	×	×	×	生产成本——装配(塑壳瓶小)	24 050.00	4 810.00		19 550.00	3 910.00	×

注：表内一、铝材类与四、塑料粒子已填制完成，其余类别可照此填列。

(四) 所有者权益(股东权益) 1～11 月累计变动情况

所有者权益(股东权益)变动表

2018 年 1～11 月累计 单位：元

项目	本期1～11月累计金额									
	实收资本(或股本)	其他权益工具			资本公积	减:库存股	其他综合收益	盈余公积	未分配利润	所有者权益合计
		优先股	永续债	其他						
一、上年年末余额	12 500 000.00				200 000.00			1 036 224.00	279 770.06	14 015 994.06
加：会计政策变更										
前期差错更正										
其他										
二、本年年初余额	12 500 000.00				200 000.00			1 036 224.00	279 770.06	14 015 994.06
三、本年增减变动金额(减少以“－”号填列)							－30 000.00		957 924.87	927 924.87
(一) 综合收益总额							－30 000.00		957 924.87	927 924.87
(二) 所有者投入和减少资本										
1. 所有者投入的普通股										
2. 其他权益工具持有者投入资本										
3. 股份支付计入所有者权益的金额										
4. 其他										
(三)利润分配										
1. 提取盈余公积										
2. 对所有者(或股东)的分配										
3. 其他										
(四) 所有者权益内部结转										
1. 资本公积转增资本(或股本)										
2. 盈余公积转增资本(或股本)										
3. 盈余公积弥补亏损										
4. 设定受益计划变动额结转留存收益										
5. 其他综合收益结转留存收益										
6. 其他										
四、本年年末余额	12 500 000.00				200 000.00		－3 000.00	1 036 224.00	1 237 694.93	14 943 918.93

项目	上期全年金额									
	实收资本(或股本)	其他权益工具			资本公积	减:库存股	其他综合收益	盈余公积	未分配利润	所有者权益合计
		优先股	永续债	其他						
一、上年年末余额	12 500 000.00				200 000.00			840 224.00	95 770.06	13 635 994.06
加：会计政策变更										
前期差错更正										
其他										
二、本年年初余额	12 500 000.00				200 000.00			840 224.00	95 770.06	13 635 994.06
三、本年增减变动金额(减少以“－”号填列)								196 000.00	184 000.00	380 000.00
(一) 综合收益总额									980 000.00	980 00.00
(二) 所有者投入和减少资本										
1. 所有者投入的普通股										
2. 其他权益工具持有者投入资本										
3. 股份支付计入所有者权益的金额										
4. 其他										
(三) 利润分配								196 000.00	－796 000.00	－600 000.00
1. 提取盈余公积								196 000.00	－796 000.00	0
2. 对所有者(或股东)的分配										－600 000.00
3. 其他										
(四)所有者权益内部结转										
1. 资本公积转增资本(或股本)										
2. 盈余公积转增资本(或股本)										
3. 盈余公积弥补亏损										
4. 设定受益计划变动额结转留存收益										
5. 其他综合收益结转留存收益										
6. 其他										
四、本年年末余额	12 500 000.00				200 000.00			1 036 224.00	279 770.06	14 015 994.06

九、科目汇总表及财务报表

（一）科目汇总表 2 张

编号：				
凭证号数	现收	自第	号至	号止
	现付	自第	号至	号止
	银收	自第	号至	号止
	银付	自第	号至	号止
	币收	自第	号至	号止
	币付	自第	号至	号止
	转账	自第	号至	号止

科 目 汇 总 表

年　　月　　日至　　月　　日

会计科目	总页	借方金额										贷方金额										会计科目	总页	借方金额										贷方金额									
		千	百	十	万	千	百	十	元	角	分	千	百	十	万	千	百	十	元	角	分			千	百	十	万	千	百	十	元	角	分	千	百	十	万	千	百	十	元	角	分
合　　计																						合　　计																					

财会主管　　　　　　记账　　　　　　复核　　　　　　制表

科 目 汇 总 表

年　月　日至　月　日

编号：

凭证号数				
	现收	自第	号至	号止
	现付	自第	号至	号止
	银收	自第	号至	号止
	银付	自第	号至	号止
	币收	自第	号至	号止
	币付	自第	号至	号止
	转账	自第	号至	号止

会计科目	总页	借方金额										贷方金额										会计科目	总页	借方金额										贷方金额									
		千	百	十	万	千	百	十	元	角	分	千	百	十	万	千	百	十	元	角	分			千	百	十	万	千	百	十	元	角	分	千	百	十	万	千	百	十	元	角	分
合　计																						合　计																					

财会主管　　　　记账　　　　复核　　　　制表

（二）资产负债表 1 张

资 产 负 债 表

编制单位：　　　　　　　　　　______年____月____日　　　　　　　　　　会企 01 表

单位：元

资　产	期末余额	年初余额	负债和所有者权益（或股东权益）	期末余额	年初余额
流动资产：			流动负债：		
货币资金			短期借款		
交易性金融资产			交易性金融负债		
衍生金融资产			衍生金融负债		
应收票据及应收账款			应付票据及应付账款		
预付款项			预收款项		
其他应收款			合同负债		
存货			应付职工薪酬		
合同资产			应交税费		
持有待售资产			其他应付款		
一年内到期的非流动资产			持有待售负债		
其他流动资产			一年内到期的非流动负债		
流动资产合计			其他流动负债		
非流动资产：			流动负债合计		
债权投资			非流动负债：		
其他债权投资			长期借款		
长期应收款			应付债券		
长期股权投资			其中：优先股		
其他权益工具投资			永续债		
其他非流动金融资产			长期应付款		
投资性房地产			预计负债		
固定资产			递延收益		
在建工程			递延所得税负债		
生产性生物资产			其他非流动负债		
油气资产			非流动负债合计		
无形资产			负债合计		
开发支出			所有者权益（或股东权益）：		
商誉			实收资本（或股本）		
长摊待摊费用			其他权益工具		
递延所得税资产			其中：优先股		
其他非流动资产			永续债		
非流动资产合计			资本公积		
			减：库存股		
			其他综合收益		
			盈余公积		
			未分配利润		
			所有者权益（或股东权益）合计		
资 产 总 计			负债和所有者权益（或股东权益）总计		

（四）现金流量表 1 张

现　金　流　量　表

会企 03 表

编制单位：　　　　　　　　　　　　　　　　　＿＿＿＿＿年＿＿＿月　　　　　　　　　　　　　　　　　　　　单位：元

项　　目	本期发生额	上期发生额	项　　目	本期发生额	上期发生额
经营活动产生的现金流量：			四、汇率变动对现金及现金等价物的影响		
销售商品、提供劳务收到的现金			五、现金及现金等价物净增加额		
收到的税费返还			加：期初现金及现金等价物余额		
收到其他与经营活动有关的现金			六、期末现金及现金等价物余额		
经营活动现金流入小计			补　充　资　料		
购买商品、接受劳务支付的现金			1. 将净利润调节为经营活动现金流量：		
支付给职工以及为职工支付的现金			净利润		
支付的各项税费			加：资产减值准备		
支付其他与经营活动有关的现金			固定资产折旧、油气资产折耗、生产性生物资产折旧		
经营活动现金流出小计			无形资产摊销		
经营活动产生的现金流量净额			长期待摊费用摊销		
投资活动产生的现金流量：			处置固定资产、无形资产和其他长期资产的损失（收益以		
收回投资收到的现金			“－”号填列）		
取得投资收益收到的现金			固定资产报废损失（收益以“－”号填列）		
处置固定资产、无形资产和其他长期资产收回的现金净额			公允价值变动损失（收益以“－”号填列）		
处置子公司及其他营业单位收到的现金净额			财务费用（收益以“－”号填列）		
收到其他与投资活动有关的现金			投资损失（收益以“－”号填列）		
投资活动现金流入小计			递延所得税资产减少（增加以“－”号填列）		
购建固定资产、无形资产和其他长期资产支付的现金			递延所得税负债增加（减少以“－”号填列）		
投资支付的现金			存货的减少（增加以“－”号填列）		
取得子公司及其他营业单位支付的现金净额			经营性应收项目的减少（增加以“－”号填列）		
支付其他与投资活动有关的现金			经营性应付项目的增加（减少以“－”号填列）		
投资活动现金流出小计			其他		
投资活动产生的现金流量净额			经营活动产生的现金流量净额		
筹资活动产生的现金流量：			2. 不涉及现金收支的重大投资和筹资活动：		
吸收投资收到的现金			债务转为资本		
取得借款收到的现金			一年内到期的可转换公司债券		
收到其他与筹资活动有关的现金			融资租入固定资产		
筹资活动现金流入小计			3. 现金及现金等价物净变动情况：		
偿还债务支付的现金			现金的期末余额		
分配股利、利润或偿付利息支付的现金			减：现金的期初余额		
支付其他与筹资活动有关的现金			加：现金等价物的期末余额		
筹资活动现金流出小计			减：现金等价物的期初余额		
筹资活动产生的现金流量净额			现金及现金等价物净增加额		

（五）所有者权益(股东权益)变动表 1 张

所有者权益(股东权益)变动表

会企 04 表

编制单位：　　　　　　　　　　　　________年度　　　　　　　　　　　　单位：元

项　目	本期									
	实收资本（或股本）	其他权益工具			资本公积	减:库存股	其他综合收益	盈余公积	未分配利润	所有者权益合计
		优先股	永续债	其他						
一、上年年末余额										
加：会计政策变更										
前期差错更正										
其他										
二、本年年初余额										
三、本年增减变动金额(减少以“－”号填列)										
（一）综合收益总额										
（二）所有者投入和减少资本										
1. 所有者投入的普通股										
2. 其他权益工具持有者投入资本										
3. 股份支付计入所有者权益的金额										
4. 其他										
（三）利润分配										
1. 提取盈余公积										
2. 对所有者(或股东)的分配										
3. 其他										
（四）所有者权益内部结转										
1. 资本公积转增资本(或股本)										
2. 盈余公积转增资本(或股本)										
3. 盈余公积弥补亏损										
4. 设定受益计划变动额结转留存收益										
5. 其他综合收益结转留存收益										
6. 其他										
四、本年年末余额										

项　目	上期									
	实收资本（或股本）	其他权益工具			资本公积	减:库存股	其他综合收益	盈余公积	未分配利润	所有者权益合计
		优先股	永续债	其他						
一、上年年末余额										
加：会计政策变更										
前期差错更正										
其他										
二、本年年初余额										
三、本年增减变动金额(减少以“－”号填列)										
（一）综合收益总额										
（二）所有者投入和减少资本										
1. 所有者投入的普通股										
2. 其他权益工具持有者投入资本										
3. 股份支付计入所有者权益的金额										
4. 其他										
（三）利润分配										
1. 提取盈余公积										
2. 对所有者(或股东)的分配										
3. 其他										
（四）所有者权益内部结转										
1. 资本公积转增资本(或股本)										
2. 盈余公积转增资本(或股本)										
3. 盈余公积弥补亏损										
4. 设定受益计划变动额结转留存收益										
5. 其他综合收益结转留存收益										
6. 其他										
四、本年年末余额										

（八）横线登记式材料采购明细账账页 10 张

分页______ 总页______

材 料 采 购 明 细 账

材料科目：______ 类别：______

编号、名称：______

年 日	凭证号数	收料单号数	发票号数	供应单位	材料名称及规格	计量单位	发票数量	实收数量	实际成本				计划成本		材料成本差异	
									发票金额	运杂费		合计	单价	总额	超支	节约
									千百十万千百十元角分	十万千百十元角分	十万千百十元角分	千百十万千百十元角分		千百十万千百十元角分	十万千百十元角分	十万千百十元角分

（十）多栏式(8栏)生产成本明细账账页9张

分页______ 总页______

生 产 成 本 明 细 账

货单位：______________ 生产车间：______________

产日期：____年____月____日 完工日期：____年____月____日

成产量：__________ 计划工时：__________ 实际工时：__________

数量：__________ 规格：__________

生产批号：__________ 明细科目：__________

产品/部门名称：__________

年 日	凭证号数	摘要	借方发生额											明细项目																																																																						
			亿	千	百	十	万	千	百	十	元	角	分	千	百	十	万	千	百	十	元	角	分	千	百	十	万	千	百	十	元	角	分	千	百	十	万	千	百	十	元	角	分	千	百	十	万	千	百	十	元	角	分	千	百	十	万	千	百	十	元	角	分	千	百	十	万	千	百	十	元	角	分	千	百	十	万	千	百	十	元	角	分	千	百	十	万	千	百	十	元	角	分

（十二）多栏式应交增值税明细账账页 1 张

总第______页　分第______页

______级科目编号及名称______

______级科目编号及名称______

应交税费——应交增值税明细账

年	凭证		摘要	借方					贷方					借或贷	余额	√
				合计	√	进项税额	已交税金	出口抵减内销产品应纳税额	合计	√	销项税额	进项税额转出	出口退税			
日	种类	号数		千百十万千百十元角分		千百十万千百十元角分	千百十万千百十元角分	千百十万千百十元角分	千百十万千百十元角分		千百十万千百十元角分	千百十万千百十元角分	千百十万千百十元角分		千百十万千百十元角分	

（十三）复币三栏式外币账户账页 2 张

外　币：
Foreign Currency

科目编号 A/c No. .... 页次 .... 总页 ....
总账科目
Gen. Leg. A/c ....
明细科目
Sub. Leg. A/c ....

明 细 分 类 账 （外 币）

SUBSIDIARY LEDGER (FOREIGN CURRENCY)

年 Date		凭证号数 Voucher No.	摘要 Explanation	外币 Foreign Currency							兑换率 Exch. Rate	人民币 Renminbi						
月	日			借方 Debit 十亿千百十万千百十元角分	√	贷方 Credit 十亿千百十万千百十元角分	√	借或贷 Dr. or Cr.	余额 Balance 十亿千百十万千百十元角分	√		借方 Debit 十亿千百十万千百十元角分	√	贷方 Credit 十亿千百十万千百十元角分	√	借或贷 Dr. or Cr.	余额 Balance 十亿千百十万千百十元角分	√